Ruth Dolenc-Petz/Christel Fisgus/Gertrud Kraft
Edeltraud Röbe/Heinrich Röbe

Das Auer Übungsheft

Richtig schreiben – Sprache untersuchen
3. Schuljahr

Sprachwissenschaftliche Beratung:
Prof. Dr. Rolf Bergmann

Dieses Heft gehört:

Ernst Klett Verlag
Stuttgart · Leipzig

Bearbeite die Übungsseiten.
Hole dir Hilfe, wenn du etwas nicht verstehst.
Wenn du eine *Prüfe dich selbst!*-Seite richtig bearbeitet hast,
darfst du dir einen Krok-Sticker auf die Seite kleben.

Quellenangaben

S. 90: Edith Schreiber-Wicke: Sommer. Aus: Dem Einfall fiel es plötzlich ein. © Verlag Jungbrunnen GmbH: Wien 1995

S. 90: Josef Reding: Den Herbst erleben. Aus: Asphaltgebete. Echter Verlag GmbH: Würzburg 1999 © Josef Reding

1. Auflage 1 7 6 5 4 | 2015 14 13 12

Alle Drucke dieser Auflage sind unverändert und können im Unterricht nebeneinander verwendet werden. Die letzte Zahl bezeichnet das Jahr des Druckes.

Programmbereich Klett-Auer

Autorinnen und Autoren: Ruth Dolenc-Petz, Meitingen; Christel Fisgus, Weißenstadt; Gertrud Kraft, Sengenthal; Prof. Dr. Edeltraud Röbe, Augsburg; Dr. Heinrich Röbe, Augsburg

Umschlaggestaltung: weissbunt design und kontext
Umschlagillustration: Martina Gollnick, Kamenz
Illustrationen: Martina Gollnick, Kamenz ; Beate Hoyer, Hamburg
Satz: Fotosatz H. Buck, Kumhausen
Druck: AZ Druck und Datentechnik GmbH, Kempten/Allgäu

Printed in Germany
ISBN 978-3-12-004946-3

Inhalt

Das Abc: Mitlaute, Selbstlaute und Umlaute

① Schreibe das Abc in großen und kleinen Buchstaben auf.
Kennzeichne die Selbstlaute farbig.

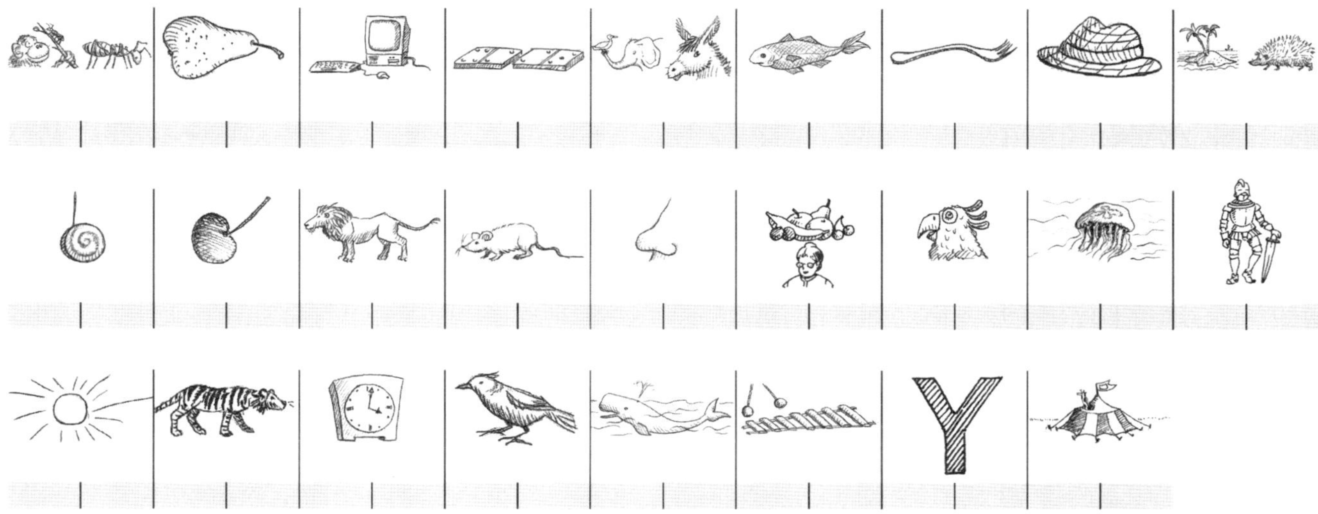

② Bilde die Mehrzahl von Wald Land Kuss Vogel : *der Wald → die Wälder*

③ Suche das passende Tunwort zu Sturm Ton Kamm Wahl : *der Sturm → ...*

④ Schreibe die Tunwörter schlafen lassen backen halten in der er-Form auf.

⑤

backen, der Kamm – kämmen, der Kuss, das Land – die Länder, lassen – lässt, der Sturm, die Wahl – wählen, der Wald – die Wälder

Doppellaute

① Schreibe die Wörter zu den Bildern auf. Kontrolliere mit der Wörterliste (Seite 97–99) oder mit einem Wörterbuch. Markiere die Doppellaute farbig.

② Wörter mit (ai) sind Merkwörter. Präge sie dir mit einem Merktipp von Flo (Seite 16) ein. Lass dir die Wörter diktieren.

ai

Ein Doppellaut hat seinen eigenen Umlaut. äu → au

③ Bilde die Mehrzahl von Traum | Raum | Strauß | Baum : *der Traum → die Träume*

④ Suche das passende Tunwort zu Räuber | Läufer | Gebäude | Käufer : *der Räuber →* …

⑤ das Feuer, bauen – das Gebäude, der Raum, der Strauß – die Sträuße, der Traum – die Träume

Mitlaute mit ähnlichem Klang

Bahn • Pass • Regen • Kompass • Dino • Teller • Wecker • bauen • Ecke • Kuss • Natur • Radio • raten

① Lies die Wörter. Sprich genau und teste.
Kennzeichne die harten und weichen Mitlaute.

② Ordne die Wörter ein. Suche noch mehr Wörter in der Wörterliste (Seite 97–99) oder im Wörterbuch.

P

K

T

B

G

D

③ Löse das Rätsel.

Damit bringt man ein Auto zum Halten:
Gegen Grippe kann man sich …
Gegenteil von Mut:
Anderes Wort für „pochen“:
Der Postbote bringt ein …
Starker Wind:
Hunger und …

Bremse • Angst • Sturm • Paket • impfen • klopfen • Durst

Lösungswort

④ die Angst, die Bahn, der Durst, impfen, der Kompass, die Natur, das Paket, der Pass, das Radio, raten

Seltene Mitlaute

Qu qu

① Schreibe die Wörter mit Begleiter neben die Bilder.

 alm

 elle

 adrat

 ark

② Bilde Sätze.

Frösche Kamine Bremsen Zahnschmerzen	△		quälen quaken qualmen quietschen	○

X x

③ Schreibe die Wörter in die Zeilen.

Ta		i
He		e

Bo		er
Mi	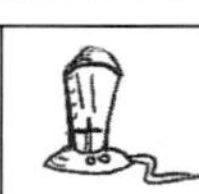	er

C c

④ Die Wörter mit C/c sind Fremdwörter. Sprich die Wörter und schreibe sie mit Begleiter neben die Bilder. FW

 Cent

 Clown

 Computer

⑤ boxen, der Clown, jung, mixen, das Taxi, die Quelle, quälen

Namenwörter (Nomen)

① Welche Wörter sind Namenwörter? Überprüfe mit den drei Beweisen.

Beweise: 1. Palme ist ein Name für …
2. die Palme, eine Palme 3. die Palme – die Palmen

1.

2.

3.

Namenwort
☐ ja ☐ nein

1.

2.

3.

Namenwort
☐ ja ☐ nein

1.

2.

3.

Namenwort
☐ ja ☐ nein

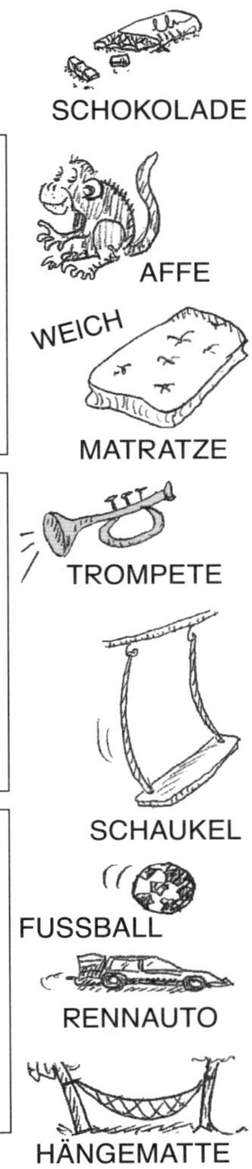

② Schreibe einige zusammengesetzte Namenwörter aus Pippis Klassenzimmer. Markiere die Wortbausteine und erkläre.

| Eisen | bahn | ist eine Bahn …

③ Erkläre alle zusammengesetzte Namenwörter. Schreibe ins Heft.

Sätze und Satzarten

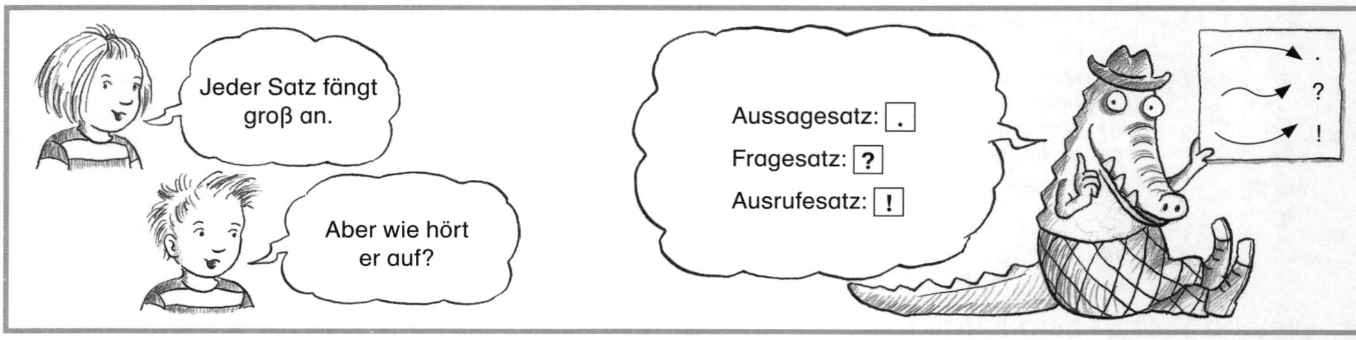

Flo bringt heute ihren Hund Fips mit in die Schule. Die Kinder fragen, rufen und berichten.

① Zeichne über jeden Satz den passenden Klangbogen.
Setze das richtige Satzzeichen ein. Lass dir die Sätze diktieren.

Ist das dein Hund ☐ Komm zu mir ☐ Toll ☐

Der Hund hat ein weiches Fell ☐ Wie heißt der Hund ☐

Kommt der Hund morgen wieder ☐

Ich habe auch einen Hund ☐

② Wann folgt Fips wohl Flos Aufforderung? Vergleiche die Aufforderung.
Setze die Satzzeichen ein.

Sitz ☐ Du sollst jetzt herkommen ☐ Nimm bitte Platz ☐

Hole den Ball ☐ Willst du den Ball holen ☐ Leg dich ☐

Nur nach einer nachdrücklichen Aufforderung steht ein Ausrufezeichen.

③ Die Kinder fordern auch Flo auf. Setze die Satzzeichen ein.

Halte Fips fest ☐ Kannst du Fips bald wieder mitbringen ☐

Lass mich bitte Fips streicheln ☐ Fips soll zu mir kommen ☐

Flo, ich will Fips füttern ☐ Flo, komm endlich zu mir ☐

④ Vergleiche die Aufforderungen. Wann wird Flo gerne „folgen"?

Richtig schreiben – Prüfe dich selbst!

Das Abc

① Schreibe das Abc einmal mit großen Buchstaben
und einmal mit kleinen Buchstaben auf.

A,

a,

② Markiere die Selbstlaute.

Umlaute

③ Bilde die Mehrzahl von [Korb] [Platz] [Stuhl]: *der Korb → die …*

④ Suche das passende Tunwort zu [Gruß] [Traum] [Zahl]: *der Gruß → …*

⑤ Schreibe die Tunwörter [laufen] [waschen] in der er-Form auf: *laufen → er …*

Schwierige Mitlaute

⑥ Schreibe die Wörter richtig auf. Schreibe sie mit Begleiter.

Ta ▒ i   Te ▒ t    ▒ ent    ▒ alle   ▒ adrat   He ▒ e 

 ▒ lown   Mi ▒ er   Le ▒ ikon    ▒ omputer   Bo ▒ er   ▒ elle

Sprache untersuchen – Prüfe dich selbst!

Namenwörter (Nomen)

① Prüfe mit den drei Beweisen, ob diese Wörter Namenwörter sind.

BÄCKER

1. ____________________
2. ____________________
3. ____________________

Namenwort ☐ ja ☐ nein

LANG

1. ____________________
2. ____________________
3. ____________________

Namenwort ☐ ja ☐ nein

STUHL

1. ____________________
2. ____________________
3. ____________________

Namenwort ☐ ja ☐ nein

Sätze

② Schreibe Sätze zu den Bildern.

③ Zeichne die Klangbögen über die Sätze. Setze die Satzzeichen ein.

Mein Drachen fliegt schön ☐ Wo ist mein Drachen ☐ Hilfe ☐

Wörter nach dem Abc ordnen

① Schreibe die nachfolgenden Buchstaben auf.

B		E		I		L		P		R		U		X	

② Ordne die deutschen und englischen Wörter nach dem Abc. Schreibe sie auf. Kontrolliere mit dem Wörterbuch.

Bruder, Bett, Blume, Bär, Blei, Brei, Ball, Brand

Fall, Film, Ferien, Fee, Fisch, Fühler, Fuchs, Fahrrad

hen, horse, cat, bird, cow, goose, pig, dog

③ Ordne die türkischen Wörter nach dem Abc. Weißt du, was sie bedeuten?

köpek	kedi	inek	at	kaz	kuş	tavuk	domuz

④ das Bett, der Brand, die Ferien

Verwandte Wörter suchen

① Schreibe die verwandten Wörter auf. Markiere äu / au und ä / a.

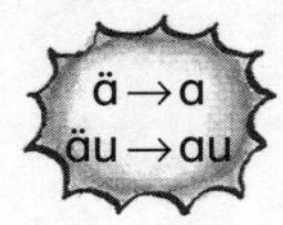

 die Str ___ nde *der Strand* also → *die Strände*

 die Str ___ ße

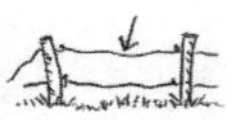 die Dr ___ hte

 die St ___ mme

 die Str ___ cher

 die L ___ nder

② Schreibe die Tunwörter in der Grundform auf. Markiere äu / au und ä / a:
sie läuft → laufen

sie läuft	sie trägt	es fährt	er wäscht	er wächst	sie fängt

③ Setze die fehlenden Buchstaben ein und schreibe die Wörter der Wortfamilie nochmals auf.

l____fen	der L____fer	verl____fen	vorl____fig	du l____fst

④ Suche noch weitere Wörter der Wortfamilie und schreibe sie auf.

⑤ 

der Draht – die Drähte, der Stamm – die Stämme, der Strand – die Strände

Wörter mit ä und äu

ä → a
äu → au

① Unterstreiche verwandte Wörter in der gleichen Farbe.
Markiere mit △ Namenwort, ○ Tunwort, Λ Adjektiv.

träumen	das Rätsel	fahren	die Fähre	quälen	der Schaum
erklären	der Traum	raten	die Gefahr	kräftig	die Qual
das Gebäude	schäumen	klar	gefährlich	die Kraft	bauen

Manche ä-Wörter haben keine Verwandten mit a. Du musst sie dir merken. ä

② Fülle das Rätselgitter aus.

a					
b					
c					
d					
e					
f					
g					

a) kräftiges Tier mit Pranken
b) Monat zwischen Februar und April
c) ein Krabbeltier
d) anderes Wort für Krach
e) ein Nadelbaum
f) Augenflüssigkeit
g) hier wohnt mein Hamster

Käfig • Lärche • Käfer • Bär • März • Lärm • Träne

③ die Gefahr – gefährlich, der Käfig, klar, die Kraft – kräftig, der Lärm, die Qual, das Rätsel, die Träne, träumen

Rechtschreib-Tipps

① Schreibe die unterstrichenen Wörter zu den passenden Tipps.
Markiere die Lupenstellen.

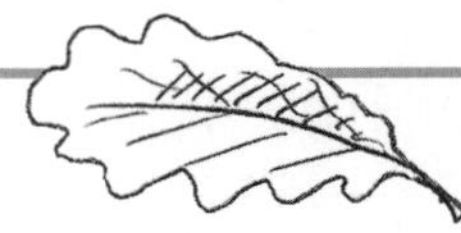

Herbst im Wald

Eichen, Buchen und Ahornbäume leuchten in der Sonne.
Ihre Blätter glänzen rot und gelb und manchmal golden.
Nun ist Erntezeit in den Wäldern. Eichhörnchen suchen fleißig
Haselnüsse und Eicheln und verscharren sie unter Baumwurzeln.
Auch die Waldmäuse suchen eifrig Nahrung für den Winter.

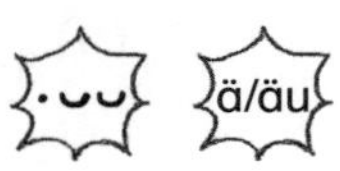	

 ig ver	

② Suche in der Wörterliste noch weitere Wörter zu den Lupenstellen. Schreibe sie auf.

③ Lass dir einzelne Sätze oder den ganzen Text diktieren.

④  fleißig, leuchten, sammeln

Fürwörter (Pronomen)

① Ordne die Namenwörter den Fürwörtern zu.

MOOS AHORN BLATT FICHTE KIEFER SCHNECKE REH PILZ SPECHT

er

sie

es

Max und ich sind Freunde. ______ spielen oft zusammen Fußball.
Max ruft: „______ bin der Torwart, ______ bist der Stürmer.“
Max stellt sich ins Tor. ______ hat Torwarthandschuhe dabei.
Jetzt kommen Lena und Fatima. ______ wollen mitspielen.
Ich sage: „Klar, ______ dürft mitmachen! ______ brauchen noch einen Libero und einen Verteidiger. Fatima schießt gleich. ______ trifft den Ball und kickt ihn ins Tor. Jetzt ist das Spiel richtig spannend.
______ macht allen Spaß.

ICH • DU • ER • SIE • SIE • ES • WIR • WIR • IHR

② Setze die passenden Fürwörter in den Text ein.

③ Schreibe den Text mit dem Computer. Markiere die Fürwörter.

④ Lass dir einen Teil vom Text diktieren.

⑤ die Fichte, das Reh

Satzglieder – Sätze umstellen

① Wie viele verschiedene Sätze kannst du bilden?
Schreibe sie auf.

EINE SCHNECKE	FRISST	GIFTIGE PILZE

② Wähle einen Wörterkasten aus. Bilde einen Satz. Stelle ihn möglichst oft um.
Markiere die Möglichkeit, die dir am besten gefällt.

eine klebrige Zunge der Buntspecht besitzt	junge Wildschweine verlieren ihr Streifenkleid mit sechs Monaten

③ Stelle auch den anderen Satz möglichst oft um. Schreibe ins Heft.

④ frisst, verlieren

Richtig schreiben – Prüfe dich selbst!

Wörter nach dem Abc ordnen

① Schreibe die vorausgehenden oder nachfolgenden Buchstaben auf.

☐ – F	☐ – O	☐ – T	☐ – X	☐ – H
K – ☐	T – ☐	E – ☐	U – ☐	R – ☐

② Ordne die Wörter nach dem Abc.

frei	die Fliege	fleißig	die Fichte	fertig	der Fuchs

Verwandte Wörter: ä – a / äu – au

③ Schreibe die verwandten Wörter mit a / au auf.

kämmen –

Länder –

Gebäude –

Nähe –

Schärfe –

läuft –

träumen –

aufräumen –

Merkwörter mit ä

④ Schreibe fünf Merkwörter mit ä auswendig auf.

Welcher Tipp hilft?

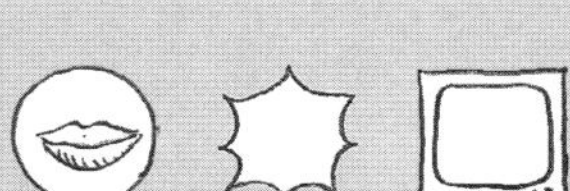

⑤ Zeichne den passenden Tipp vor die Wörter.

_______ das Rätsel

_______ schieben

_______ die Buche

_______ die Bahn

_______ das Wasser

_______ die Wespe

Sprache untersuchen – Prüfe dich selbst!

Satzglieder – Sätze umstellen

① Bilde möglichst viele Sätze. Schreibe sie auf.
Unterstreiche die Satzglieder in den Sätzen mit verschiedenen Farben.

DER FÖRSTER	IM WALD	OFT	ARBEITET

Fürwörter (Pronomen)

② Ordne die Namenwörter den Fürwörtern zu und schreibe sie auf.

Moos Gras Wald Erde Ameise Umwelt
Natur Sand Holz Eichhörnchen Boden Hügel

er	sie	es

③ Setze die passenden Fürwörter ein.

In einem Ameisenhügel leben mehrere hunderttausend Tiere.
_____ haben ihren Hügel selbst gebaut. _____ kann über einen Meter hoch sein. Die Hügel der Ameisen sind geschützt. Hierzu gibt _____ ein Gesetz: das Naturschutzgesetz.

Merkwörter mit (ah) / (äh) und (uh) / (üh)

① Ordne die Wörter aus dem Kasten nach Wortarten.
Markiere den langen Selbstlaut und (h).

die Bahn, der Draht, erzählen, fahren, der Frühling, die Gefahr, fühlen, kühlen, der Stuhl, rühren, ähnlich, kühl, die Nahrung, führen, die Wahl

(ah/äh)

(uh/üh)

② Suche je zwei Wörter mit (ahn), (ahl) und (ahr).

③ Schreibe (ah/äh)-/(uh/üh)-Wörter mit dem Computer:
in verschiedenen Schriften, Farben …

④ erzählen, der Frühling, fühlen, führen, die Gefahr, ihr, ihn, ihm, kühlen, die Nahrung, der Stuhl

Merkwörter mit (eh) und (oh) / (öh)

① Ordne die Wörter aus dem Kasten nach Wortarten.
Markiere den langen Selbstlaut und (h).

bohren, ehrlich, der Fehler, fehlerfrei, die Höhle, die Lehrerin, nehmen, umkehren, wohnen, das Ohr, der Lohn, fröhlich

(eh)

(oh/öh)

② Schreibe alle Namenwörter aus Aufgabe ① in der Einzahl und Mehrzahl auf.

③ Schreibe die (eh)-/(oh/öh)-Wörter mit dem Computer: in verschiedenen Schriften, Farben …

④ bohren, ehrlich, fehlerfrei – der Fehler, die Höhle, die Lehrerin, umkehren

Fehlersuche

① Wie viele Fehler findest du sofort? Fehler: ☐

Im Internet gibt es Texte, Zalen und Bilder. Es sind fiele Millonen in fast allen Sprachen der erde. Im Internet surfen bedeutet, sich von einem Ort zum anderen zu bewegen. Über das Intenet kanst du auch E-Mails an andere Menschen in der Nehe oder in anderen Ländern senden. Hast du ein par Freundinnen oder Freunde, denen du scheibst?

② Unterstreiche alle Fehlerwörter. Tipp: Es sind unter zehn Fehler.

③ Fehler vermeiden durch:

Schreibe die Fehlerwörter richtig neben die passenden Tipps.

Mitsprechen

Nachdenken

Merken

Zum Vergleichen: So ist der Text richtig.

Im Internet gibt es Texte, **Zahlen** und Bilder. Es sind **viele Millionen** in fast allen Sprachen der **Erde**. Im Internet surfen bedeutet, sich von einem Ort zum anderen zu bewegen. Über das **Internet kannst** du auch E-Mails an andere Menschen in der **Nähe** oder in anderen Ländern senden. Hast du ein **paar** Freundinnen oder Freunde, denen du **schreibst**?

Kreuze an:

- ☐ Ich habe alle Fehlerwörter gefunden.
- ☐ Ich habe die meisten Fehlerwörter gefunden.
- ☐ Es fällt mir noch schwer, Fehler selbst zu finden.

④ Lass dir den Text diktieren. Schreibe mit dem Computer.

⑤ die Nähe

Wörter nach Schreibsilben trennen

① Trenne die Wörter. Markiere den doppelten Mitlaut und das (tz).

Doppelter Mitlaut	(tz)
Suppe Messer schwimmen lassen knurren sammeln Teller rennen Mittag treffen wissen	Katze nützen Gesetze schnitzen Plätze setzen Witze kratzen schützen trotzig Mütze

Tan – ne   blit – zen

② Trenne die Tiernamen. Markiere den doppelten Mitlaut.

die Dogge  die Qualle  die Spinne die Drossel die Ratte
der Büffel der Collie der Affe 

die Dog–

③ Wie trennst du Wörter mit (pf) und (ng) in der Wortmitte? Schlage im Wörterbuch nach.

④ kratzen, das Messer, der Mittag, nützen, rennen, schützen, schwitzen, setzen, der Teller, treffen, wissen

Regelmäßige Tunwörter (Verben) in der 1. Vergangenheit

① Suche Tunwörter in der Wörterliste (Seite 97–99), die in der 1. Vergangenheit den Wortbaustein -te bekommen. Schreibe sie auf. Kennzeichne -te.

Grundform	Gegenwart	1. Vergangenheit
blicken	er blickt	er blickte

② Schreibe deine Wörter in der 1. Vergangenheit (wir-Form) auf. Markiere -ten.

wir blickten

③ Bilde die Vergangenheitsform der Tunwörter tanzen lachen spielen schauen holen in der ich-, du-, er- und wir-Form.
Schreibe ins Heft und kennzeichne -te und -ten.

④ blicken

Unregelmäßige Tunwörter (Verben) in der 1. Vergangenheit

① Unterstreiche das Tunwort und die passende Vergangenheitsform in der gleichen Farbe.
② Schreibe Wortpaare auf.

brechen	schneiden	springen	reiben	frieren	schreien	stoßen
er schnitt	er rieb	ich brach	sie sprang	er stieß	ich schrie	sie fror

brechen – ich brach

③ Ergänze die Tabelle. Kontrolliere mit dem Wörterbuch.

Grundform	Gegenwart	1. Vergangenheit
geben	sie gibt	sie gab
	sie heißt	
messen	sie	
		er trank
		er schloss
schlafen	er	

④ Forsche nach weiteren unregelmäßigen Tunwörter im Wörterbuch.

⑤ biegen – bog, frieren – fror, kriechen – kroch, messen – misst, schließen – schloss

Richtig schreiben – Prüfe dich selbst!

Merkwörter mit h

① Schreibe je zwei Merkwörter mit ah eh oh und uh auf.

Fehlersuche

② Finde in jedem Satz die Fehlerwörter. Unterstreiche sie. Schreibe sie richtig auf.

Heute habe ich mit dem Computer gearbeitet.

Ich habe vile Informationen gefunden.

Du must das Programm beenden.

Nun kann ich den Rechner ausschaten.

③ Welcher Tipp hilft? Schreibe die Wörter richtig auf.
Male den passenden Tipp vor die Wörter.

schpät

schwimen

Bot

ferlieren

Stul

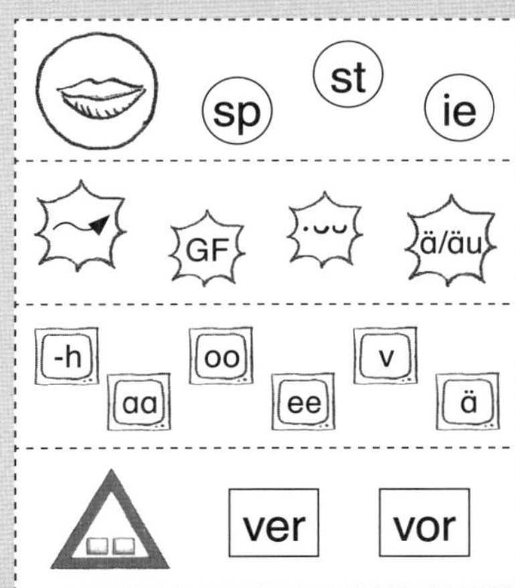

Wörter trennen

④ Trenne die Wörter nach Schreibsilben.

Messer –

Hammer –

knallen –

schätzen –

Pfütze –

Blitze –

Sprache untersuchen – Prüfe dich selbst!

Regelmäßige Tunwörter (Verben) in der 1. Vergangenheit

① Ergänze die fehlenden Wörter. Markiere den Wortstamm.

Grundform	Gegenwart	1. Vergangenheit
tanzen	er tanzt	er tanzte
		er kletterte
	sie kratzt	
schwitzen		
	sie blickt	

Unregelmäßige Tunwörter (Verben) in der 1. Vergangenheit

② Ergänze die fehlenden Wörter.

Grundform	Gegenwart	1. Vergangenheit
biegen	er	
	sie trifft	
schweigen	er	
	sie reißt	
lügen	er	

③ Schreibe die Wörter in der 1. Vergangenheit neben die Grundform. Markiere die Wörter mit der gleichen Farbe, bei denen die Vergangenheit ähnlich gebildet wird.

finden	er fand
kriechen	es
ziehen	es

wiegen	er
stehen	sie
messen	sie

Betonte Selbstlaute und Umlaute 

① Kennzeichne in den Wörtern den betonten Selbstlaut farbig.

Feder  Briefe Tonne  Pilze Vasen Hüte Stifte

 Mutter Poster Stiefel Züge Töpfe Lupen Vögel

Messer Löffel Kämme Schlüssel Äpfel Tannen 

Hemden Bänder Bluse  Decken Tassen Dosen

② Ordne die Wörter mit ihren Begleitern in die passenden Kisten ein.

a/ä

o/ö

u/ü

e

ie/i

③ die Brille, der Löffel, der Schlüssel, die Tanne, die Tasse

Betonte Selbstlaute klingen lang – oder kurz • –/•

① Sprich und höre auf den betonten Selbstlaut. Klingt er kurz oder lang?
Schreibe das Wort und kennzeichne den betonten Selbstlaut mit – oder •.
Was fällt dir auf?

 Hase Hase	 Tasse	 Stoff	 Wagen	 Käfig
 Wecker	 Regen	 Teller	 Nuss	 Heft
 Blitz	 Lied	 Müll	 Stiel	 Mittag
 Block	 Spiegel	 Tanne	 Luft	 Besen
 Brot	 Kuss	 Blume	 Bett	 Brille

② Lass dir zehn Wörter diktieren.

③ der Blitz, der Block, das Lied, der Müll, die Nuss, der Spiegel, der Stiel, der Stoff, der Wecker

Selbstlaute: lang oder kurz?  

① Sprich deutlich und höre auf den betonten Selbstlaut. Klingt er kurz oder lang? Schreibe das passende Wort unter das Bild. Markiere •◡◡ oder –◡.

Hüte?
Hütte?

 Hüte (– ◡)

Gase?
Gasse?

② Sprich deutlich und höre auf den betonten Selbstlaut. Kennzeichne und schreibe.

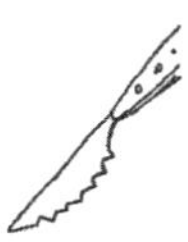

Messer (• ◡◡)

Messer • Brot • Kasse • Besen • Puppe • Dotter • Nase • Ziel
Sonne • Löffel • Tüte • Hütte • Lupe • Brille • Löwe • Käfer

③ Suche noch mehr Wörter im Wörterbuch mit kurzem betonten Selbstlaut. Schreibe ins Heft.

④ das Ziel

Wörter mit ck und tz 

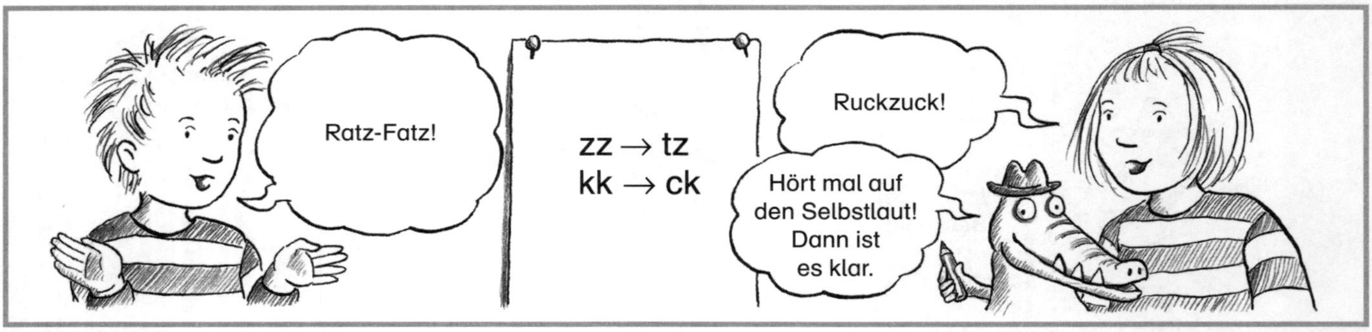

① Sprich die Wörter. Kennzeichne den Selbstlaut vor ck und tz mit •.

Schnecke plötzlich Bäcker Päckchen Schreck Hitze Glück blitzen
dreckig backen setzen Stück Brücke Decke schmutzig packen
eckig schmecken Spitze nützen spitz trocken schwitzen Schmutz

② Schreibe die Wörter zu  oder . Arbeite mit dem Abschreib-Tipp von Flipp (Seite 95). Kennzeichne den Selbstlaut vor ck und tz mit •.

Trenne nie ck.

③ Trenne diese Wörter.

Schnecke | Bäcker | dreckig | Brücke | packen | Decke | trocken | backen | schmecken

④ 

der Bäcker, blitzen, die Brücke, die Decke, der Dreck – dreckig, eckig, die Hitze, packen – das Päckchen, plötzlich, schmecken, der Schreck, die Spitze – spitz, das Stück, trocken

Wörtliche Rede

① Hier ist der Anfang einer Tüpü-Geschichte.
Schreibe in die Sprechblasen, was Tüpü und der Vogel sagen.

② Schreibe die Tüpü-Geschichte als Text. Finde eine Überschrift. Denk daran:

Nach dem Begleitsatz steht ein [:]. Die wörtliche Rede steht in [„] [“].

③ Schreibe die Tüpü-Geschichte auf dem Computer. Wie geht sie wohl weiter? Schreibe.

Wortfelder

① Schreibe Flipps Geschichte neu. Suche für sagt treffende Wörter.

Tüpü geht hungrig zu seinem Raumschiff.
Auch Jan geht mit ihm.
Ines geht nach Hause.
Dann geht sie in den Supermarkt.
Dort kauft sie ein großes Stück Käse.
Schnell geht sie zum Raumschiff zurück.

Wortfeld gehen

bummeln	rasen	sausen
laufen	wandern	schlendern
schleichen	wackeln	tapsen
rennen	torkeln	flitzen

② Schreibe die Geschichte neu. Suche für geht treffende Wörter.

③ rennen, schimpfen

Richtig schreiben – Prüfe dich selbst!

Selbstlaute und Mitlaute

① Sprich die Wörter. Kennzeichne den betonten Selbstlaut (Umlaut) mit – oder •.
Kennzeichne die Mitlaute, die nach diesem Selbstlaut kommen mit ◡ oder ◡◡.

Brille	Schatten	Rose	Nummer	Müll
Käfig	Hitze	Träne	Decke	Tiere

② Schreibe die Wörter zu den Bildern. Kennzeichne den betonten Selbstlaut und die folgenden Mitlaute.

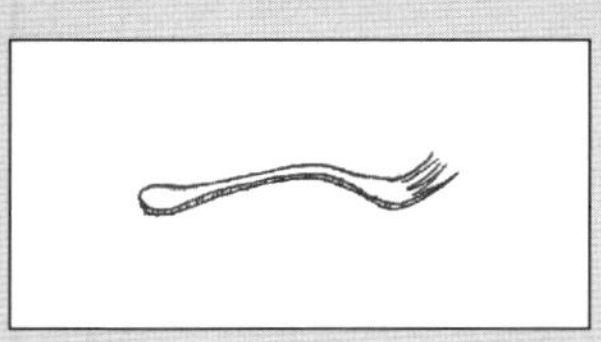   

③ Trenne die Wörter.

Glocke *Rücken* *blicken* *backen*

④ Setze die passenden Wörter ein. Kennzeichne [–◡] oder [·◡◡].

Im 

Die  kriecht über ein  .

Auch der  läuft durch das  .

Ein  fliegt durch die  .

Seine  glänzen in der  .

Sprache untersuchen – Prüfe dich selbst!

Wörtliche Rede

① Schreibe die wörtlichen Reden mit den Begleitsätzen auf.

Wortfeld sagen

② Suchen treffende Wörter für sagt .

Flo ______ : „Traust du dich zu springen?“
Flipp ______ : „Ich bin schon oben.“
Flo ______ : „Also, los!“
Flipp ______ : „Es ist ganz schön hoch.“
Flo ______ : „Dann komm lieber wieder runter.“

Wortfeld gehen

③ Suche passende Wörter aus dem Wortfeld gehen .

Leise gehen:

Schnell gehen:

Laut gehen:

Auf besondere Art gehen:

Langsam gehen:

Wörter verlängern

① ⓓ oder ⓣ? ⓖ oder ⓚ? – Verlängere die Namenwörter. Die Mehrzahl hilft.

 der Wal ⁓→ die → der

 der Arz ⁓→ die → der

 der Käfi ⁓→ die → der

 der Schran ⁓→ die → der

 der Hu ⁓→ die → der

② Bilde die Mehrzahl. Sprich so: die Urlaube – der Urlaub.
Trage die fehlenden Buchstaben am Wortende richtig ein.

der Urlau___	das Lan___	der Stran___	das Pake___	der Tex___
das Gel___	der Krie___	der Hu___	das Pfer___	der Hun___
der Bran___	das Lie___	das Sie___	die Ban___	die Han___

③ Verlängere die Wiewörter und setze sie ein.

run   wil   har   lau   bun

der runde Ball – der Ball ist rund

der Sturm –

der Winter –

die Musik –

der Schirm –

④ der Arzt, hart, der Krieg – die Kriege, der Urlaub, wild – wilde

Wortbausteine (Nachsilben) für Wiewörter (Adjektive)

① Bilde Wiewörter mit der Nachsilbe -ig. Kennzeichne ig.

der Sand, der Schatten, der Hunger, das Moos, die Ecke, der Haufen, das Haar, die Frucht, der Dreck, der Durst

der Sand → sandig

② Bilde Wiewörter mit der Nachsilbe -lich. Kennzeichne lich.

der Sport, das Ende, der Herbst, das Jahr, das Kind, das Gesetz, der Winter, der Schatten, die Stunde, der Tag

der Sport → sportlich

③ Forsche nach weiteren Wiewörtern mit der Nachsilbe -ig oder -lich im Wörterbuch.

3. Beweis für Wiewörter:
-ig und -lich sind für Wiewörter Wortbausteine (Nachsilben).

④ die Ecke, das Gesetz, der Haufen – häufig, der Hunger – hungrig, der Schatten – schattig

Wortbausteine (Nachsilben) für Namenwörter (Nomen)

① Bilde aus den Tunwörtern Namenwörter mit der Nachsilbe -ung.
Kennzeichne die Nachsilbe.

beobachten — die Beobachtung

entwickeln

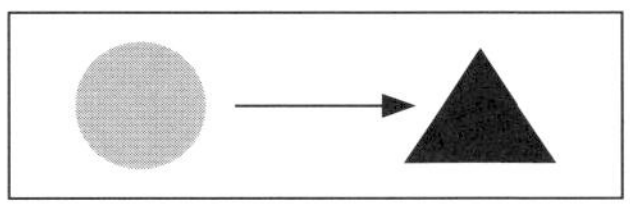

öffnen

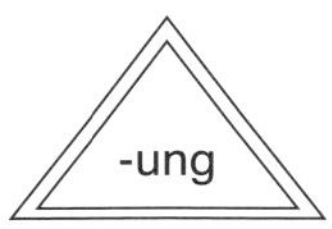

erklären

② Bilde aus den Wiewörtern Namenwörter mit der Nachsilbe -heit.
Kennzeichne die Nachsilbe.

gesund — die Gesundheit

trocken

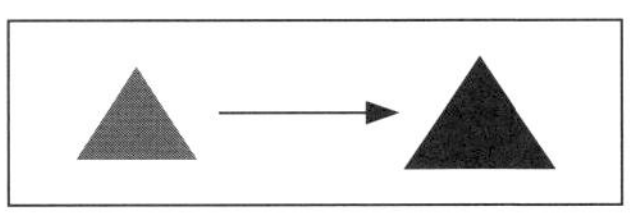

frei

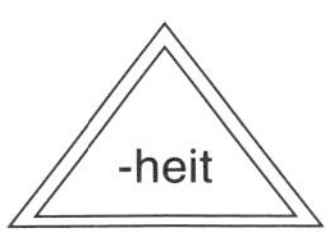

geborgen

③ Bilde aus den Wiewörtern Namenwörter mit der Nachsilbe -keit.
Kennzeichne die Nachsilbe.

heiter — die Heiterkeit

nützlich

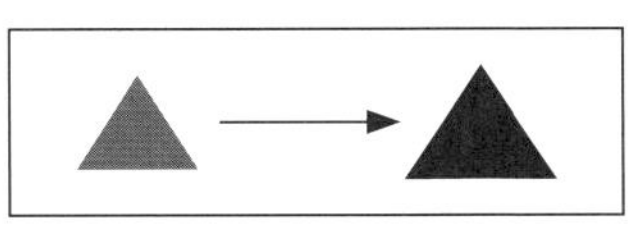

dankbar

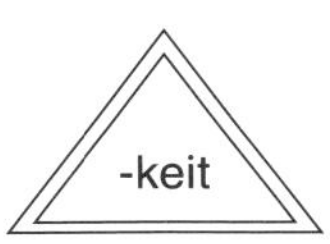

vergesslich

④ beobachten, entwickeln – die Entwicklung, erklären, frei – die Freiheit, nützlich

Ein Wortbaustein (Nachsilbe) für Namenwörter (Nomen): -nis

① Bilde aus den Tunwörtern Namenwörter mit der Nachsilbe -nis. Markiere die Nachsilbe.

erlauben

erleben

ersparen

versäumen

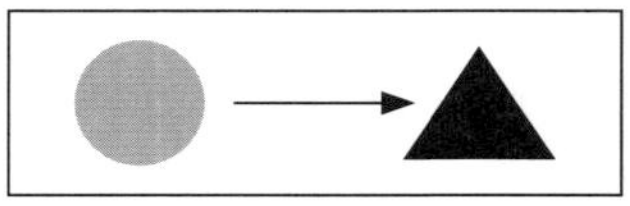

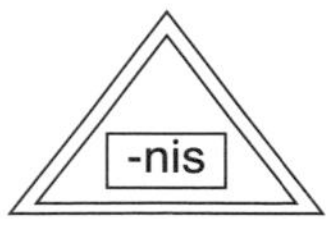

die Erlaubnis, ...

② Bilde aus den Wiewörtern Namenwörter mit der Nachsilbe -nis.
Markiere die Nachsilbe.

wild

geheim

finster

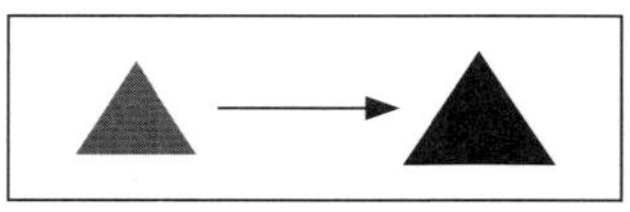

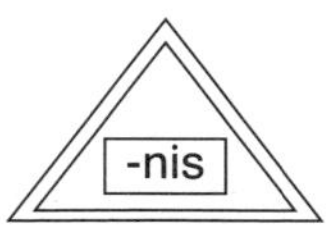

die Wildnis

③ Setze die Namenwörter aus Aufgabe ① in die Mehrzahl. Achtung: ss!

die Erlaubnisse

④ Zerlege die Namenwörter auf dieser Seite in Vorsilbe, Wortstamm und Nachsilbe.
Schreibe ins Heft: Er|laub|nis, ...

4. Beweis für Namenwörter:

-ung, -heit, -keit und -nis sind Wortbausteine (Nachsilben) für Namenwörter.

⑤ erlauben – die Erlaubnis, erleben – das Erlebnis, geheim – das Geheimnis

Beweise für abstrakte Namenwörter (abstrakte Nomen)

① Prüfe mit diesen Beweisen, ob diese Wörter Namenwörter sind. Kreuze an. Denke daran: Du brauchst mindestens zwei Beweise.

Wörter:	1. Beweis: … ist ein Name für … … eine Zeit	… ein Gefühl	… ein Ereignis	2. Beweis: Begleiter: der, die, das/ein, eine	3. Beweis: Einzahl – Mehrzahl: viele …	Mein Ergebnis:
SOMMER	X			der Sommer	viele Sommer	Namenwort: ☒ ja ☐ nein
BUNT						Namenwort: ☐ ja ☐ nein
FREUDE						Namenwort: ☐ ja ☐ nein
TRAUER						Namenwort: ☐ ja ☐ nein
GEBURT						Namenwort: ☐ ja ☐ nein
FRIEDEN						Namenwort: ☐ ja ☐ nein
FREI						Namenwort: ☐ ja ☐ nein

② der Frieden, die Geburt

Abstrakte Namenwörter (abstrakte Nomen)

① Schreibe passende abstrakte Namenwörter in die Lücken.
Die Wörter auf dem Zettel helfen dir.
Lass dir zwei Texte diktieren.

Durst Fleiß
Hunger Kraft
Pause Ruhe
Streit

Petra hat in der __________ zu wenig gegessen und getrunken.
Jetzt hat sie __________ und __________ .

Der Hausmeister schleppt schwere Kisten.
Er braucht dazu viel __________ .

Elena und Tom vertragen sich wieder.
Sie haben ihren __________ beendet.

Im Klassenzimmer ist es oft leise.
Die __________ tut allen gut.

Erkan übt jeden Tag auf der Flöte.
Die Lehrerin lobt seinen __________ .

② Finde zu den Tunwörtern verwandte Namenwörter und Wiewörter.
erheitern | erblinden | erklären | erschrecken | befreien | verdursten
Verwende die Wörterliste (Seite 97–99) oder das Wörterbuch zum Nachschlagen.

Namenwort ▲	Tunwort ●	Wiewort ▲

③ 📖 der Durst – durstig, erschrecken – schrecklich, der Fleiß – fleißig,
die Ruhe – ruhig, streiten – der Streit

Richtig schreiben – Prüfe dich selbst!

Nachsilben für Namenwörter (Nomen): -ung -heit -keit

① Verwandle die Wörter mit Hilfe der Nachsilben in Namenwörter.

erlauben – flüssig – frei – erklären – faul – krank – befreien

Nachsilben für Wiewörter (Adjektive): -ig -lich

② Bilde Wiewörter mit den Nachsilben -ig oder -lich.

die Kraft – die Jugend – der Haufen – der Frieden – der Mut – das Glück

Endungen

③ Lies den Text. Bei einigen Wörtern fehlt der Endbuchstabe. Finde die richtige Schreibweise.

Ein Bericht aus der Zeitung

Ein Delfin hat in *Neuseelan* zwei Wale in Sicherheit gebracht. Die beiden Pottwale, eine Mutter und ihr *Kin*, waren in *No* geraten. Sie waren gefährlich nahe an den *Stran* geschwommen. Ihre Rettung war ein Delfin. Er übernahm die Führung und geleitete die Wale an einer *Sandban* vorbei ins offene Meer. Die Wale folgten dem Delfin und waren *bal* in Freiheit.

④ Schreibe den Text ab. Denke an den Tipp von Flipp (Seite 95).

Sprache untersuchen – Prüfe dich selbst!

Namenwörter (Nomen) für Gefühle

① Welche Wörter sind Namenwörter für Gefühle? Schreibe sie auf.

MÜDE	FREUDE	LIEBE	MUT	TANZEN	GLÜCK
ANGST	TROCKEN	PECH	BRINGEN	TRAUER	HASS

Namenwörter (Nomen) für eine Zeit

② Prüfe mit den Beweisen, ob diese Wörter Namenwörter sind.

Wörter	1. Beweis … ist ein Name für eine Zeit		2. Beweis: Begleiter: der, die, das	3. Beweis: Mehrzahl: die …	△	
	ja	nein			ja	nein
WINTER						
MITTAG						
SPÄT						
TAG						

Namenwörter (Nomen) für ein Ereignis

③ Setze die passenden Wörter ein.

GEBURT	HOCHZEIT	UNFALL	SOMMERFEST	SPAZIERGANG

- An der Kreuzung ereignete sich ein ______ .
- Über die ______ eines Kindes freut sich die Familie.
- Wenn zwei Menschen heiraten, feiern sie ______ .
- Ein ______ im Wald tut gut.
- Zu unserem ______ laden wir die Eltern ein.

Wortbausteine (Vorsilben): Ver- / ver- und Vor- / vor-

① Bilde Namenwörter △, Tunwörter ◯ und Wiewörter △.

Vorsilben
Ver-
ver-
Vor-
vor-

Hauptbausteine/Wortstämme			
letz	brauch	geb	sicht
lier	träg	gess	schmutz
biet	pack	brenn	ein

Nachsilben/Endungen
-ung
-en
-lich
-er
-ig

Namenwort

Tunwort

Wiewort

② Lass dir zehn Wörter diktieren.

③ verbrauchen, verbrennen – die Verbrennung, der Verein – vereinen, vergessen, verletzen – die Verletzung, verpacken – die Verpackung, verschmutzen – die Verschmutzung

(ie) klingt immer lang (ie)

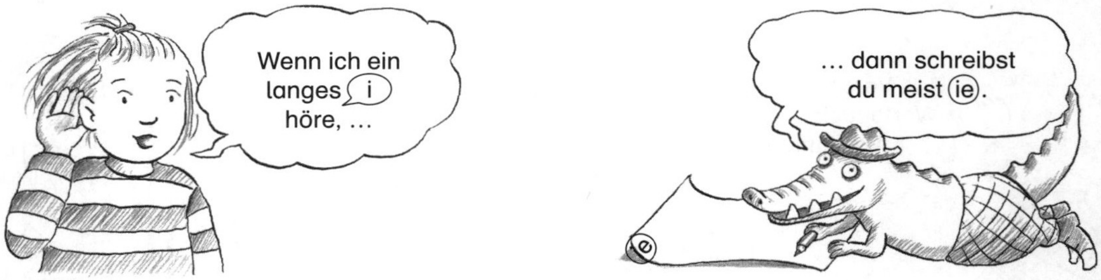

① Sprich die Wörter deutlich. Schreibe die Reimwörter auf.

Z St v **Spiel**	fl sch schl **gießen**	l b s **wiegen**
sch t **Brief**	verl prob **frieren**	kr **riechen**

② Schreibe das passende Wort mit (ie) in die Lücke.

Miete, schieben, Fieber, Kiefer, riechen, Spaziergang, Spiegel, Lied

Wer erkältet ist, hat oft auch ______ .

Wenn ich mich sehen will, schaue ich in den ______ .

Mit der Nase kann ich ______ .

Für die Wohnung zahlt man ______ .

Dem Geburtstagskind singen wir ein ______ .

Die ______ ist ein Nadelbaum.

Einen Kinderwagen muss man ______ .

Am Sonntag machen wir oft einen ______ .

③ Schreibe die Sätze mit dem Computer. Markiere die Wörter mit (ie).

④ Forsche nach, ob es (ie) auch in anderen Sprachen gibt.

⑤ fließen, gießen, die Miete, riechen, schieben, der Spaziergang, wiegen

Wörter mit (ie)

verb ___ ten, Kr ___ g, Fr ___ den, z ___ hen, kr ___ chen, schw ___ rig, sch ___ f

① In jedem Wort fehlt der (i)-Laut. Sprich deutlich. Trage (ie) ein. Schreibe jedes Wort auf und zeichne die Symbole für die Wortarten dazu.

② Suche die folgenden Wörter im Buchstabendschungel.
Kennzeichne sie farbig und schreibe sie auf.

viel niemand Knie Ziel lieb niemals hier Lied Kiefer

V	A	R	K	Z	D	R	N	I	E	M	A	L	S	M	L
I	K	O	N	I	K	I	E	F	E	R	Z	A	U	K	I
E	B	N	I	E	M	A	N	D	O	B	T	T	R	B	E
L	C	X	E	L	J	L	I	E	B	O	H	I	E	R	D

③ Suche verwandte Wörter. Schau in der Wörterliste (Seite 97–99) und im Wörterbuch nach.
Schreibe ins Heft: *Ziel → zielen*

Ziel, viel, schwierig, spazieren, tief, schließen, Frieden, lieb

④ das Beispiel, niemals, niemand, schief, schwierig, tief, verbieten

Merkwörter mit doppeltem Selbstlaut 

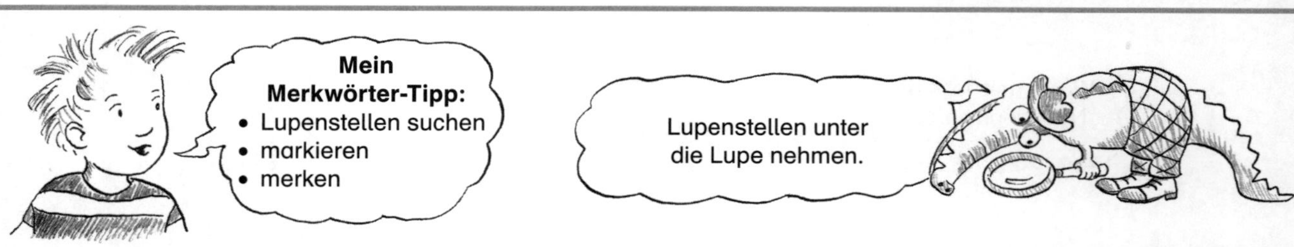

① Schreibe die Wörter mit Begleiter zu den Bildern.

Meer	See	Moos	Fee	Haar	Schnee	Boot	Zoo	Waage

 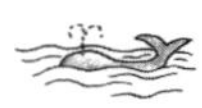 

② Bilde zusammengesetzte Namenwörter und schreibe sie mit Begleiter auf.

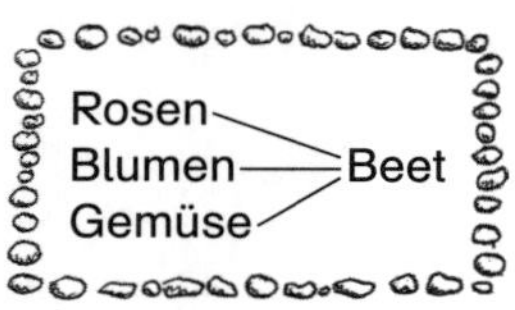

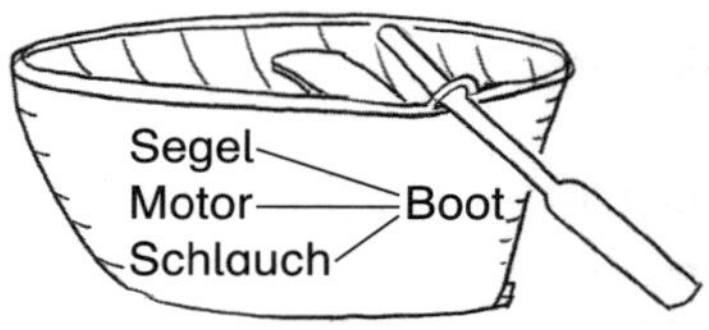

③ Erfinde zu dem Bild lustige Reime oder Sätze.

④ Schreibe Sätze ins Heft, in denen möglichst Wörter mit doppeltem Selbstlaut vorkommen.

⑤  das Boot, das Meer, das Moos, der See

Geteilte Tunwörter (Verben) 1

① Suche aus der Liste Aufgaben aus, die du gerne übernimmst. Kreuze an. Unterstreiche die Tunwörter. Kennzeichne die Anfangsbausteine.

Aufgaben in der Klasse

- ◯ die Hefte <u>austeilen</u>
- ◯ die Arbeitsblätter einsammeln
- ◯ das Altpapier wegtragen
- ◯ die Bücher einräumen
- ◯ die Regale abstauben
- ◯ den Computer einschalten
- ◯ das Datum anschreiben
- ◯ das Thermometer ablesen
- ◯ das Morgengebet aufsagen
- ◯ die Garderobe aufräumen

② Schreibe Sätze. Schreibe so: *Ich sammle gern die Arbeitsblätter ein.*

③ Unterstreiche in jedem Satz das geteilte Tunwort. Kennzeichne es mit ◖◗.

④ Entwirf einen Aufgabenplan für deine Klasse. Schreibe ihn mit dem Computer.

⑤ aufräumen, sammeln, schalten

Geteilte Tunwörter (Verben) 2

① Bilde Sätze. Kennzeichne das geteilte Tunwort.

Papa – Eva – vom Bus abholen	Paul – einen Text – abschreiben
Karla – mit dem Zug – angekommen	Max – das Zimmer – aufräumen
Igor – eine Geschichte – vorlesen	Tante Jule – Lebensmittel – einkaufen

② Bilde mit den Stichwörtern Sätze. Kennzeichne das geteilte Tunwort.

Mama Papa Tom Paula Lina	den Tee das Geschirr die Spülmaschine den Tisch die Gläser	zubereiten wegtragen abwischen abtrocknen

③ Welche Arbeit erledigst du in deiner Familie? Schreibe ins Heft.

Richtig schreiben – Prüfe dich selbst!

Wörter mit (ie)

① (ie) oder (i)? Lang oder kurz? Trage ein.

Paul s ___ tzt am T ___ sch und schreibt einen Br ___ f an Oma.
Anna l ___ gt auf dem Sofa. S ___ l ___ st ein Buch. Da setzt s ___ ch eine
Fl ___ ge auf Pauls St ___ rn. Jetzt fl ___ gt s ___ zu Anna.
D ___ K ___ nder können s ___ ch n ___ cht mehr konzentr ___ ren.
S ___ jagen nun das läst ___ ge T ___ r. Ob s ___ es kr ___ gen?

Merkwörter mit doppeltem Selbstlaut

② Schreibe jeweils ein Wort mit aa ee oo auf.

___

Anfangsbausteine ver- und vor-

③ Trage die Tunwörter richtig ein.

verlassen
vorlassen

Ich ___ das Haus.

An der Kasse ___ ich dich ___ .

verlesen
vorlesen

Ich ___ mich manchmal.

Gerne ___ ich dir ein Märchen ___ .

④ Setze die folgenden Tunwörter in den Text ein. Überlege ob ver- oder vor- passt.

___ treiben ___ packen ___ bringen ___ laufen ___ suchen

Ich ___ Omas Geschenk.

Der Wind ___ die Regenwolken.

Du ___ viel Zeit mit Freunden.

Er ___ die Aufgaben zu lösen.

Ich ___ schon mal ___ .

Sprache untersuchen – Prüfe dich selbst!

Mit Anfangsbausteinen neue Tunwörter (Verben) bilden

① Bilde fünf Sätze. Kennzeichne das geteilte Tunwort: ◖◗.

ausleeren | abwaschen | einkaufen | aufräumen | ausführen

das Kinderzimmer

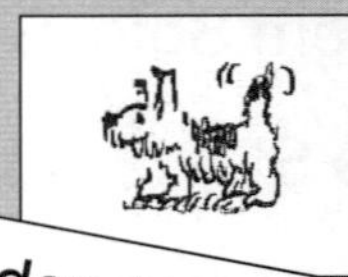

den Hund

die Lebensmittel

das Geschirr

den Müll

② Kennzeichne das geteilte Tunwort in jedem Satz: ◖◗.
Schreibe das Tunwort in der Grundform (GF) daneben.

Am Samstag steht Peter früh auf.	GF:
Er bereitet für seine Eltern das Frühstück zu.	GF:
Dann holt er die Zeitung herein.	GF:
Jetzt weckt er Mama und Papa auf.	GF:

③ Bilde sinnvolle Tunwörter mit den Vorsilben ver- und vor-.

gießen | sammeln | laufen | rennen | passen

1. Vergangenheit – einfach

① Markiere im Text alle Tunwörter. Sie stehen in der Gegenwart.

② Die Kinder schreiben für die Schülerzeitung. Schreibe weiter. Setze die Tunwörter in die 1. Vergangenheit.

Wandertag

Heute wandern wir.
Wir spazieren durch die Stadt.
Bald erreichen wir den Wald.
Dort machen wir Pause.
Wir spielen Ball und sausen herum.
Dann versteckt unser Lehrer einen „Schatz“.
Serkan entdeckt ihn: Lollis für alle.

Am 5. Mai wanderten wir.

Wir

③ Setze die Tunwörter in die 1. Vergangenheit/er-Form.

quälen, räumen, belohnen, grüßen, rühren, skizzieren

④ belohnen, entdecken, der Lehrer, rühren, skizzieren, spazieren

2. Vergangenheit – einfach

2. Vergangenheit

① Krok erzählt vom Wandertag: Er erzählt in der 2. Vergangenheit. Schreibe den Text von Seite 53, wie Krok ihn erzählt.

Gestern *sind* wir *gewandert* . Wir

② Setze die Tunwörter in die Zeitliste ein. Verwende die ich-Form.

lachen, träumen, stellen, tragen, pflegen

Gegenwart	1. Vergangenheit	2. Vergangenheit

1. Vergangenheit – schwierig

Ausflug

Heute gehen wir in den Zoo.
Wir nehmen den Bus.
Bald stehen wir vor dem Zoo.
Wir sehen die großen Elefanten.
Da geschieht etwas Lustiges.
Der größte Elefant zieht unserem Lehrer den Hut vom Kopf.

① Markiere im Text alle Tunwörter. Sie stehen in der Gegenwart.

② Schreibe den Artikel für die Schülerzeitung. Nun schreibst du in der 1. Vergangenheit.

Am 3. Juni gingen wir in den Zoo.
Wir

gingen • sahen • zog • standen • geschah • nahmen

③ Setze die Tunwörter in die 1. Vergangenheit/er-Form.

biegen, kriechen, verlieren, riechen, schieben, ziehen

④ geschehen – geschieht, ziehen – zog

2. Vergangenheit – schwierig

① Schreibe den Text von Seite 55, wie ihn Flipp erzählt.
Setze die Tunwörter in der 2. Vergangenheit ein.

gegangen • genommen • gestanden • gesehen • geschehen • gezogen

Gestern *sind* wir in den Zoo *gegangen* . Wir

② Setze die Tunwörter in die Zeitliste ein. Verwende die ich-Form.

fahren, waschen, beginnen, laufen

Gegenwart	1. Vergangenheit	2. Vergangenheit

③ beginnen – begann – begonnen, schwimmen – schwamm – geschwommen

Wortliste: Tunwörter (Verben) in verschiedenen Zeiten

essen	aß	gegessen
schließen	schloss	geschlossen

① Setze die Tunwörter in die Zeitliste. Verwende die ich-Form.

fließen, wissen, brennen, beißen, vergessen, wachsen, schließen

Grundform	Gegenwart	1. Vergangenheit	2. Vergangenheit

② beißen – biss, brennen – brannte, fließen – floss, schließen – schloss, vergisst – vergaß, wachsen – wuchs, weiß – wußte

Weich oder hart? – Die Grundform hilft

① Schreibe die __-Wörter in der Grundform und in der „richtigen Form" auf.
Schreibe den Satz noch einmal (Tipp von Flipp, Seite 95).

Lisa scho__ ihr Fahrrad.

schieben → schob

Lisa schob ihr Fahrrad.

Mein Rucksack wo__ sehr viel.

Wir erle__ten einen schönen Tag.

Die Sonne verschwan__ hinter den Wolken.

Abends le__ten wir uns ins Zelt.

③ Lass dir die Geschichte diktieren.

④ schob, wog

Richtig schreiben – Prüfe dich selbst!

1. und 2. Vergangenheit

① Kennzeichne die Tunwörter im Text.

In der Schule ist es toll.
Wir rechnen neue Aufgaben.
Wir turnen draußen.
Ich schreibe eine Geschichte.
Dann laufen wir nach Hause.

② Schreibe den Text in der 1. Vergangenheit.

In der Schule war es toll.

③ Schreibe den Text, wie Flipp ihn zuhause erzählt, in der 2. Vergangenheit.

In der Schule ist es toll gewesen.

④ Fülle die Zeitenliste aus.

Gegenwart	1. Vergangenheit	2. Vergangenheit
ich komme		
er isst		
	ich fror	
es fließt		

Sprache untersuchen – Prüfe dich selbst!

Zeitformen

① Kennzeichne die Tunwörter.

② Schreibe hinter jeden Satz die Zeit: Gegenwart, 1. Vergangenheit oder 2. Vergangenheit.

Petra meldet sich im Gesprächskreis. ______

Sie erzählt den anderen Schülern: ______

Gestern habe ich im Garten gespielt. ______

Da sah ich einen Schmetterling. ______

Er ist ganz nah zu mir geflogen. ______

③ Schreibe die Geschichte in der 1. oder 2. Vergangenheit weiter.

④ Schwierige Formen! Setze richtig ein.

Gegenwart	1. Vergangenheit	2. Vergangenheit
ich trinke		
ich schwimme		
es brennt		
ich kenne		

Wörterliste: langes (i) – doch kein (ie)

① Markiere das lange (i) farbig.	② Schreibe ab. Kontrolliere. Beachte dabei den Tipp von Flipp (Seite 95).	③ Schreibe auswendig. Kontrolliere.	④ Berichtige.
mir			
dir			
wir			
Igel			
Biber			
Tiger			
Maschine			

⑤ die Maschine

Merkwörter mit (ß) ß

① Male zu jedem Wort ein Bild. Schreibe jedes Wort mehrmals in verschiedenen Farben auf.

Straße Strauß Süßigkeit Maß Fuß weiß Floß

② Finde Wortfamilien. Immer drei Wörter gehören zusammen.
Schreibe so: *die Straße – die Straßenbahn – ...*

die Straßenbahn, der Fuß, die Süßigkeit, das Floß, die Straße, flößen, der Fußball, süß, die Hauptstraße, versüßen, der Flößer, barfuß

③ das Maß, die Straße, süß – die Süßigkeit

Wörterliste: ß

① Markiere das ß farbig.	② Schreibe ab. Kontrolliere.	③ Schreibe auswendig. Kontrolliere.	④ Berichtige.
beißen			
Spaß			
reißen			
fließen			
schließlich			
grüßen			
bloß			
Fleiß			
groß			
gießen			

⑤ bloß, grüßen, reißen, schließlich, der Spaß

Rechtschreib-Tipps

Marie und Jonathan treffen sich jeden Tag. Sie erzählen sich, was sie in der Schule alles erlebt haben. Oft schmieden sie Pläne und träumen davon, dass sie einmal zusammen mit ihren Eltern in ein fernes Land reisen. Am Meer könnten sie Boot fahren oder am Strand spielen. Das wäre ein großer Spaß.

① Welcher Nachdenk-Tipp hilft? Ordne die unterstrichenen Wörter zu.

② Findest du Wörter im Text, die zu diesen Merk-Tipps passen?

③ Suche zu jedem Tipp weitere Wörter aus dem Wörterbuch.

④ Schreibe den Text mit dem Computer. Markiere die unterstrichenen Wörter.

Satzglieder

① Bilde Sätze. Stelle die Satzglieder um. Unterstreiche die Satzglieder in verschiedenen Farben. Welcher Satz klingt am besten? Begründe.

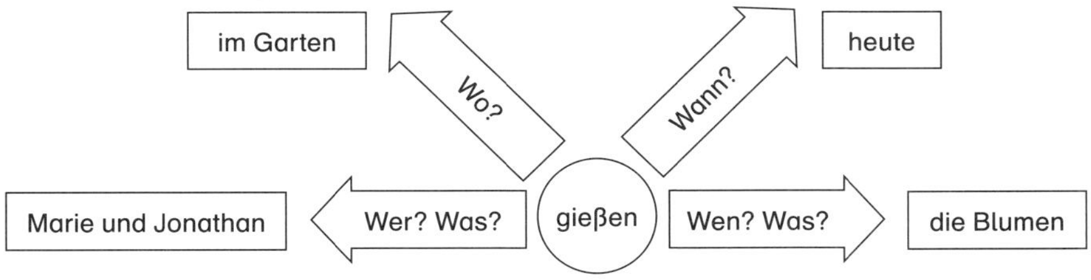

② Verkürze den Satz immer um ein Satzteil. Welche Satzteile kannst du weglassen, sodass immer noch ein Satz übrig bleibt?

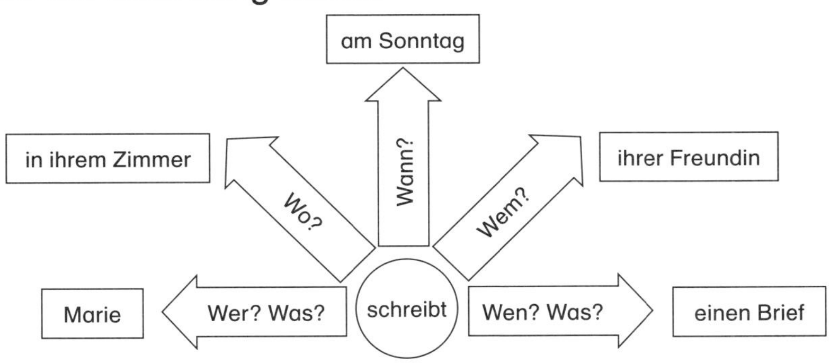

③ Bilde selbst Sätze und unterstreiche die Satzglieder in verschiedenen Farben. Schreibe ins Heft.

Satzaussage (Prädikat)

① Finde heraus, was die Tiere tun.
Frage so: Was tut der Hund? – Der Hund bellt.

Wer? Was?

bellen
krähen
schnurren
blöken
grunzen
meckern

② Schreibe die Sätze auf. Kennzeichne das Tunwort mit ●.

der Hund ← Wer? Was? ← bekommt / vergräbt / sucht / frisst → Wen? Was? → den Knochen

③ Bilde Sätze und schreibe sie auf. Kennzeichne die Satzaussage mit ●.

Richtig schreiben – Prüfe dich selbst!

Langes (i) – doch kein (ie)

① Setze (i) oder (ie) ein.

Oma geht mit m ___ r in den Zoo. Zum Papageienhaus gehe ich am l ___ bsten. Hier ist es sehr warm, damit die empfindlichen Vögel nicht fr ___ ren. Schnell schl ___ ßen w ___ r die Tür. Außer uns ist n ___ mand da. So können w ___ r die lustigen Vögel ungestört beobachten. Ein Papagei betrachtet sich im Sp ___ gel. Oma gibt m ___ r Geld, damit ich v ___ l Futter kaufen kann.

Merkwörter mit (ß)

② Setze die fehlenden Wörter ein.

Ein altes Sprichwort sagt: Ohne ________ kein Preis.

Das Gegenteil von schwarz ist ________ .

Damit die Pflanzen wachsen, muss ich sie ________ .

Zum Geburtstag bekommt Mama einen ________ Rosen.

Zitronen schmecken sauer, Bonbons schmecken ________ .

Ich ________ in mein Pausenbrot.

Lupenstellen

③ Welcher Tipp hilft dir? Ordne die Wörter zu.

Ärztin, wild, Bäcker, Vase, Kuss, offen, Nähe, denn, Brand, Tag, Moos, Spaß

____

____

____

____

Sprache untersuchen – Prüfe dich selbst!

Satzglieder umstellen

① Bilde einen Satz. Stelle ihn um. Beginne immer mit einem anderen Satzglied.

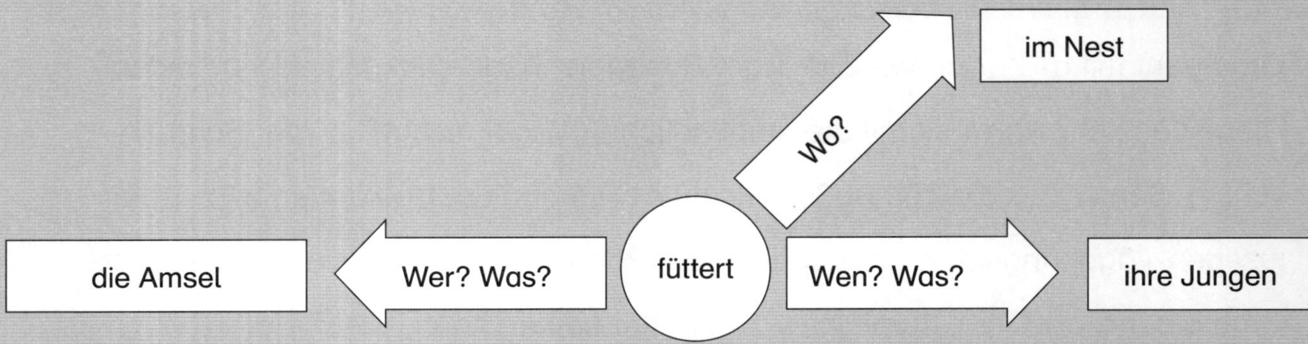

Satzglieder verkürzen

② Welche Satzglieder kannst du weglassen? Verkürze immer um ein Satzteil.
Was erfährst du jetzt nicht mehr?

Das Kätzchen	spielt	im Hof	mit dem Ball.

Die Satzaussage finden

③ Lies die Sätze. Kennzeichne die Satzaussage mit ●.

Die Sonne scheint.

Die Fohlen springen lustig über die Weide.

Matteo besucht sie jeden Tag.

Sie kennen seine Stimme.

Zusammengesetzte Namenwörter (Nomen) 1

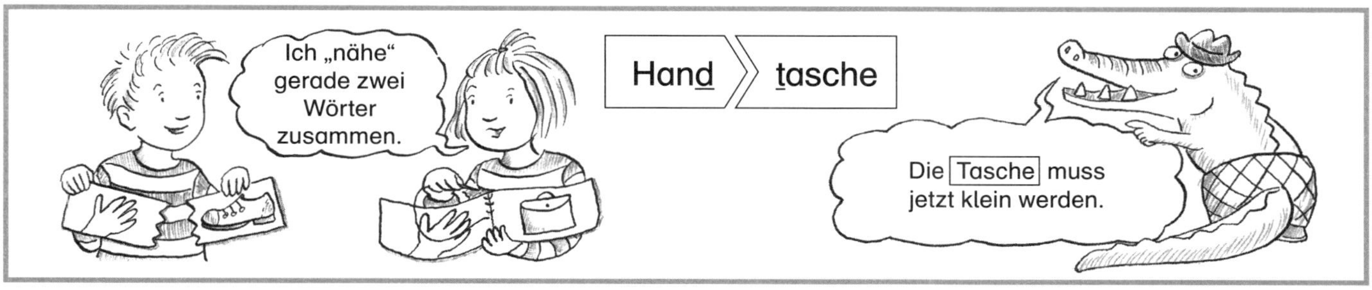

① Bilde zusammengesetzte Namenwörter und schreibe sie mit Begleiter auf. Zeichne die Naht ein. Kennzeichne die Buchstaben an der Naht. Manchmal brauchst du eine Doppelnaht. Gib Acht. Verliere keinen Buchstaben an der Naht.

die Handtasche

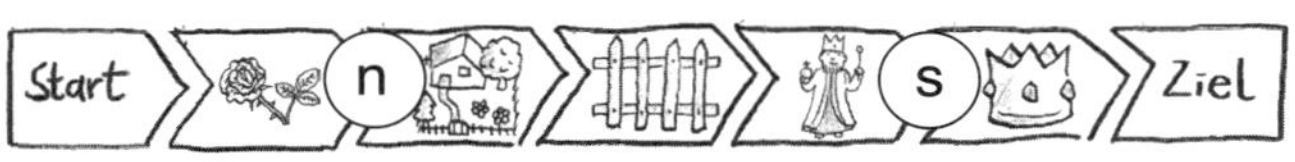

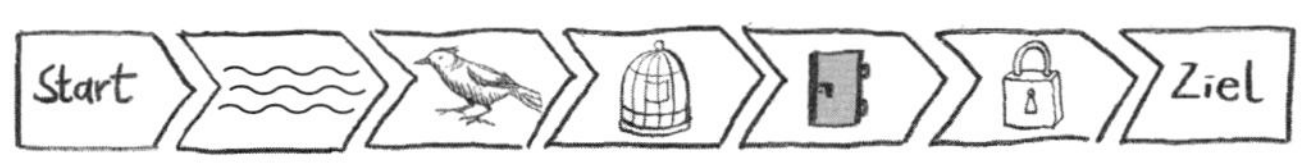

② Setze die Wörter zusammen und schreibe sie mit Begleiter auf.
Achte auf das (n) und das (s).
Kontrolliere mit dem Wörterbuch.

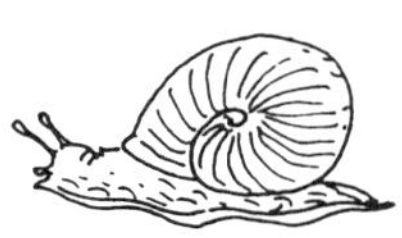

Haus
Tempo
Post

Geburt
Namen
Urlaub

Zusammengesetzte Namenwörter (Nomen) 2

① Bilde möglichst viele zusammengesetzte Namenwörter. Schreibe sie mit Begleiter auf. Kennzeichne die Buchstaben an der Naht. Manchmal lassen sich auch drei oder vier Wörter zusammensetzen.

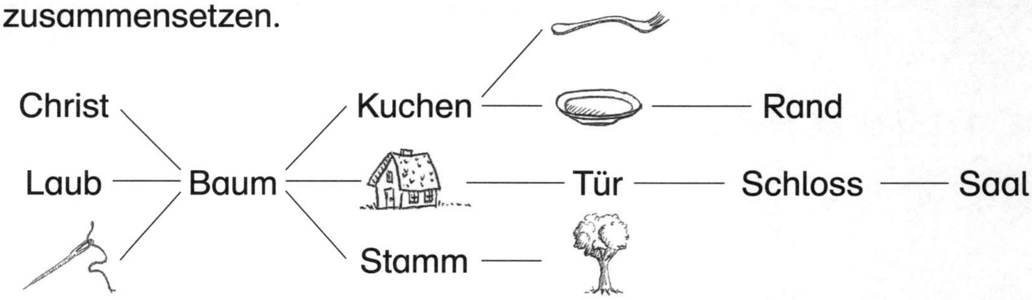

② Finde selbst drei Reime.

Haus	Maus	Tisch	Fisch	Turm	Wurm	Berg	Zwerg
Wiegen	Ziege	Dosen	Rose	Nil	Krokodil	Fallen	Qualle

In ihrem Maushaus
wohnt die Hausmaus.

③ Reime mit den übrigen Wörtern. Schreibe die Reime ins Heft.

④ der Christ, das Laub, der Teller

zu Das Auer Sprachbuch 3 S. 116

Wörter nachschlagen

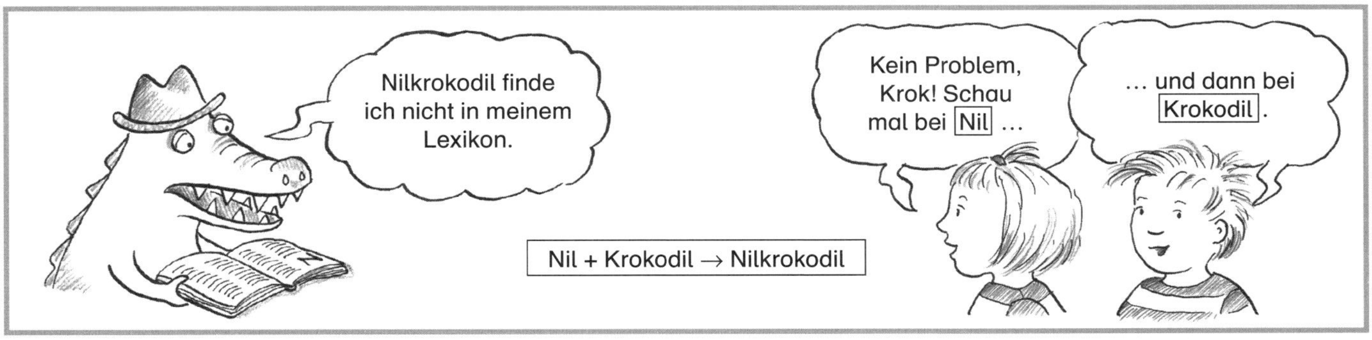

① Zerlege die Namenwörter und schlage im Wörterbuch nach.

 Regen + → Regenschirm

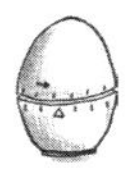 + →

 + →

 + →

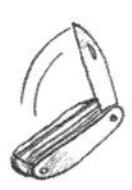 + →

 + →

 + →

② Ordne die Wörter nach dem Abc. Wenn die ersten Buchstaben beim Nachschlagen gleich sind, ordnest du nach dem dritten oder vierten Buchstaben. Kontrolliere mit dem Wörterbuch.

Gefahr – Gesetz – Gebäude – Gewitter – Gemeinde

③ Welche Namenwörter in der Wörterliste (Seite 97–99) fangen mit Fl an? Schreibe sie geordnet auf.

Fl   Fl   Fl   Fl

④ die Gemeinde, das Gewitter

Wörtersteckbriefe

① Fülle die Steckbriefe aus.

Buchstaben	Laute	Silben	Wort	Tipp	Lupenstelle
3			*Flo*		
		3	*Krokodil*		
			Klingel		
			Pedale		
			Bremse		
			Kettenschutz		
			Lenker		
			Luftpumpe		

② Welche Wörter passen zu den Steckbriefen?
Wähle aus und trage sie ein:

Kette | Sattel | Schlussleuchte | Dynamo | Speichenschutz

Buchstaben	Laute	Silben	Wort	Tipp	Lupenstelle
5	4	2		·∪∪	tt
14	10	3		·∪∪	sp tz
6	6	3		y	y

Die Wortfamilie Rad

① Bilde Wörter nach den Baumustern.

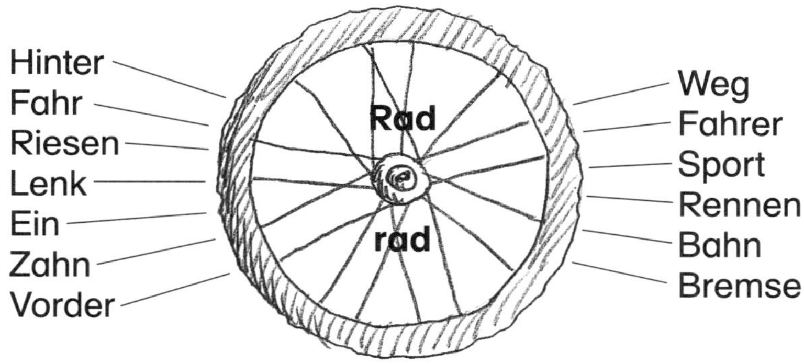

Rad *sport* *Vorder* rad *Zahn* rad *bahn*

② Ordne diese Wortfamilie in Namenwörter und Tunwörter. Schreibe und markiere den Wortstamm.

Flügel Fliegenbein Flieger Fliege Flug fliegen wegfliegen Flugzeug ich flog abfliegen

Der Wortstamm sieht in einer Wortfamilie immer ähnlich aus.

③ das Flugzeug

Wortfamilien

① Bilde Wörter und schreibe sie auf.

Un		
Ab		
ab	fall	en
Vor	fäll	e
Über	Fall	ig
über	Fäll	
auf		

② Setze die passenden Wörter aus der Wortfamilie fallen ein.

Hände hoch, dies ist ein ______ !

Bei dem ______ wurde das Auto beschädigt.

Gib Acht, dass du nicht ______ !

Die Maus sitzt in der ______ !

Die Zahlung war schon längst ______ .

Das machen wir auf jeden ______ .

Die Waldarbeiter ______ die Bäume.

③ Suche Wörter zur Wortfamilie stellen. Schreibe ins Heft.

Richtig schreiben – Prüfe dich selbst!

Zusammengesetzte Namenwörter (Nomen)

① Bilde möglichst viele zusammengesetzte Namenwörter.

Erdbeer / Himbeer / Kräuter — Quark — Kuchen — Gabel / Teller / Blech

② Setze die Wörter zusammen. Achte auf (n) und (s).

Schloss / Krone / Thron

Blume / Uhr / Schein

③ Hier fehlen zusammengesetzte Namenwörter. Setze ein.

Ich wünsche dir alles Gute zum ________ .

Heute kochst du mir meine ________ .

Mit der ________ pumpe ich den Reifen auf.

Ich trockne mich mit dem ________ ab.

④ Fülle die Steckbriefe aus.

Kette

Fahrbahn

Pedale

Sprache untersuchen – Prüfe dich selbst!

Wortfamilien

① Kennzeichne den Wortstamm.

blitzen   Blitzschlag   Kugelblitz   blitzschnell   es blitzte   Blitze

② Bilde Wörter. Schreibe die Namenwörter mit Begleiter auf.
Schreibe die Tunwörter in der Grundform.

③ Schreibe fünf Wörter aus der Wortfamilie auf. Welche Vorsilben und Nachsilben brauchst du?

④ Hier fehlen Wörter aus der Wortfamilie fahr en.

Schnell, wir müssen endlich ______ .

Für den Bus muss ich noch die ______ kaufen.

Mist! Mein ______ hat einen platten Reifen.

Fahre weiter! Wir haben doch die ______ .

Anredefürwörter (Pronomen)

Anredefürwörter (Pronomen) in der Höflichkeitsform

Wenn du mit fremden Erwachsenen sprichst oder ihnen schreibst, verwendest du die Anredefürwörter in der Höflichkeitsform. Sie werden groß geschrieben.

Sie	Ihr	Ihre	Ihren	Ihrem	Ihnen

① Setze die Anredefürwörter richtig ein.

Klasse 3a — Thierstein, 12. Juli 20..

Grundschule Thierstein

Sehr geehrter Herr Bürgermeister,

vielen Dank für ________ Besuch. Wir freuen uns, dass ________ unsere Idee, den Pausenhof neu zu gestalten, unterstützen. Auf ________ Anregung hin haben wir einen Malwettbewerb an unserer Schule durchgeführt. Heute schicken wir ________ eine Auswahl der Bilder. Wir sind gespannt, ob sie ________ gefallen und freuen uns auf ________ Antwort.

Mit freundlichen Grüßen
________ Klasse 3a
Grundschule Thierstein

Anredefürwörter (Pronomen) unter Freunden

Wenn du an einen Freund oder eine Freundin schreibst, kannst du die Anredefürwörter klein **oder** groß schreiben.

② Setze die richtigen Anredefürwörter ein.

Liebe Magdalena, vielen Dank für ________ Brief. Wie ich ________ schon erzählt habe, wollen wir unseren Pausenhof neu gestalten. ________ kannst dir gar nicht vorstellen, wie begeistert alle mitmachen. Wenn ________ das Projekt interessiert, schreibe ich ________ gern noch genauer, was wir alles planen.

Liebe Grüße
________ Lukas

Fremdwörter FW

① Löse das Kreuzworträtsel.

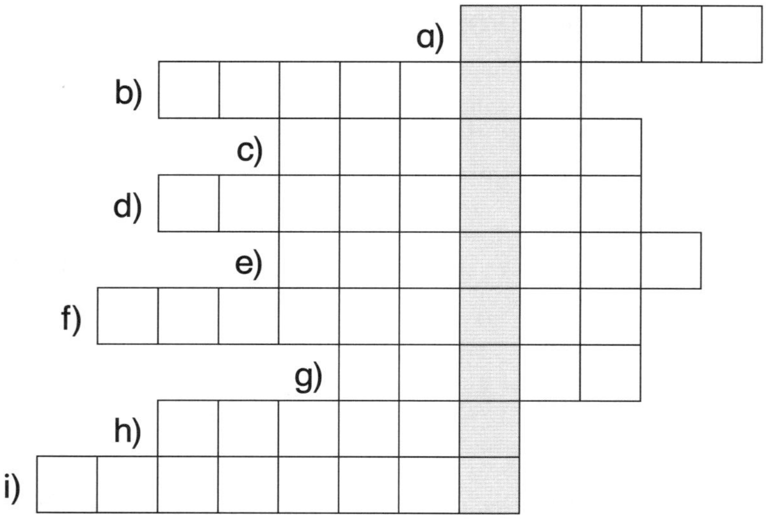

a) Er tritt im Zirkus auf und bringt alle zum Lachen.
b) Du kannst darin nachschlagen.
c) Er zieht Eisen an.
d) Es ist eine Speicherplatte zum Wechseln.
e) Eine Vorführung mit Schauspielern oder Puppen.
f) So nennt man das Wiederverwerten von Glas, Blech, Papier.
g) Es ist ein Telefon zum Mitnehmen.
h) So nennt man eine schnelle Zeichnung.
i) Du kannst damit schreiben, Informationen einholen, elektronische Post verschicken.

Lösungswort:

Clown, Lexikon, Magnet, Diskette, Theater, Recycling, Handy, Skizze, Computer

② Erkläre das Lösungswort.

③ Erfinde selbst ein Kreuzworträtsel mit interessanten Fremdwörtern.

④ die Diskette, das Handy, der Magnet, das Recycling, die Skizze, das Theater

Wörterliste: Fremdwörter FW

① Lies die Wörter genau. Markiere schwierige Stellen im Wort farbig.	② Schreibe ab. Kontrolliere. Beachte dabei den Tipp von Flipp (S. 95).	③ Schreibe auswendig. Kontrolliere.	④ Berichtige.
Clown			
Computer			
Europa			
Handy			
Lexikon			
Maschine			
Text			
Technik			
Recycling			

⑤ das Europa, die Technik, der Text

Wörter mit chs

① Schreibe die Tiernamen mit Begleiter auf. Markiere chs farbig.

Luchs | Fuchs | Dachs | Eidechse | Lachs | Ochse

② Setze die Wörter mit chs ein: wachsen, hochwachsen, Wuchs, Gewächse, Gewächshaus, Wachstum, bewachsen, wächst.

In Opas Garten ______ viele verschiedene Pflanzen.

An langen Stangen können die Bohnen gut ______ .

Die Tomaten bindet Opa an. Das ist wichtig für einen geraden ______ .

Manche ______ brauchen viel Wärme.

Sie stehen im ______ .

Heute werden alle Pflanzen gedüngt. Das ist wichtig für ihr ______ .

In Opas Garten gibt es auch ein Gartenhäuschen.

Es ist ganz mit Efeu ______ .

Opa arbeitet jeden Tag im Garten. Er freut sich, wenn alles gut ______ und gedeiht.

③ Lass dir Sätze aus dem Text diktieren.

④ der Fuchs, das Gewächs

Satzgegenstand (Subjekt)

Den Satzgegenstand findest du mit der Frage „Wer oder was?“.

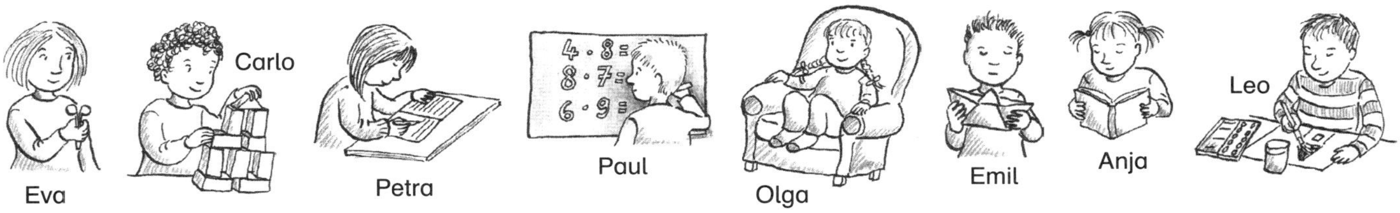

Wer? Was?

… liest ein Buch.
… malt ein buntes Bild.
… holt eine Schere.
… sitzt im Sessel.

Wer? Was?

… rechnet an der Tafel.
… schreibt ins Heft.
… hat ein Schiff aus Papier.
… baut einen Turm.

(1) Ergänze die Sätze. Frage so: Wer sitzt im Sessel?
Schreibe so: Olga sitzt im Sessel.
Unterstreiche den Satzgegenstand.

(2) Bilde selbst Sätze und unterstreiche den Satzgegenstand. Schreibe ins Heft.

Satzaussage (Prädikat) und Satzgegenstand (Subjekt)

① Schreibe zu jedem Kind einen Satz. Frage so: Was tut das Kind? Unterstreiche die Satzaussage.

② Bilde Sätze. Unterstreiche die Satzaussage in einer Farbe und den Satzgegenstand in einer anderen Farbe.

Die Schule Viele Kinder Leo Seine Familie	wohnt geht beginnt kommen	zu Fuß. mit dem Bus. um 8 Uhr. neben der Schule.

③ Schreibe fünf Sätze aus deinem Lieblingsbuch ab und unterstreiche Satzgegenstand und Satzaussage.

Richtig schreiben – Prüfe dich selbst!

Anredefürwörter (Pronomen)

Die Klasse 3b schreibt eine Einladung an den Bürgermeister.

① Setze die Anredefürwörter ein.

Sehr geehrter Herr Bürgermeister,

hiermit laden wir ______ herzlich zu unserem Schulfest ein. Es findet nächsten Samstag statt. Wir wollen ______ unbedingt unsere Kunstausstellung zeigen und sind schon sehr gespannt, wie sie ______ gefällt. Es gibt auch Kaffee und Kuchen für ______ . Wir würden uns sehr freuen, wenn ______ kommen könnten.

Viele Grüße von
______ Klasse 3b

Das richtige Wort finden

② Welche Wörter sind richtig geschrieben? Kreuze sie an.

boxen ☐ bochsen ☐ boksen ☐	wachsen ☐ waksen ☐ waxen ☐	Tachsi ☐ Taxi ☐ Taksi ☐	Gewäx ☐ Gewäks ☐ Gewächs ☐
wekseln ☐ wexeln ☐ wechseln ☐	Waks ☐ Wax ☐ Wachs ☐	Techst ☐ Text ☐ Tekst ☐	Wuchs ☐ Wuks ☐ Wux ☐

Fremdwörter

③ Wie heißen diese Wörter? Schreibe sie mit Begleiter auf.

______

______

______

______

______

______

______

______

Sprache untersuchen – Prüfe dich selbst!

Satzaussage (Prädikat) und Satzgegenstand (Subjekt)

① Bilde sinnvolle Sätze und schreibe sie auf. Suche mit der Frage „Wer oder was?“ den Satzgegenstand. Unterstreiche den Satzgegenstand.

| backen | die Eltern | Kuchen |

| die Wiese | der Hausmeister | mäht |

② Bilde sinnvolle Sätze und schreibe sie auf. Suche mit der Frage „Was tut jemand?“ nach der Satzaussage. Unterstreiche die Satzaussage.

| einen Tanz | üben | die Kinder |

| die Schulleiterin | Einladungen | verschickt |

③ Bilde sinnvolle Sätze und schreibe sie auf. Unterstreiche die Satzaussage in einer Farbe und den Satzgegenstand in einer anderen Farbe.

| strahlt | die | Sonne | vom | blauen | heute | Himmel |

| Besucher | auf | geschmückten | viele | Pausenhof | den | strömen |

Ich wünsche mir ... – den Leser überzeugen

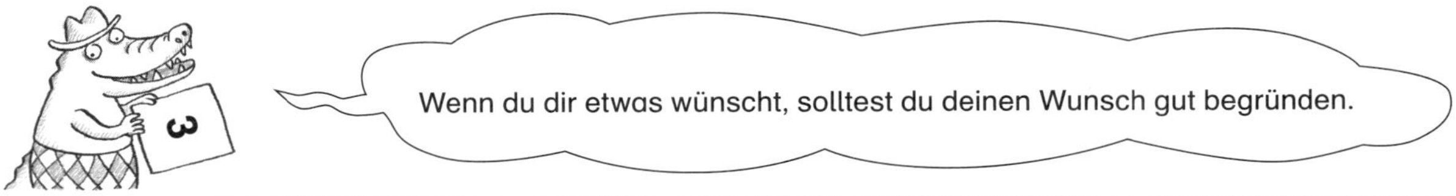

Ein Hund ist ein guter Freund.
Ich könnte mit ihm spazieren gehen.
Ein Hund würde mir gehorchen.
Er passt auf mich auf.

Ein Hund ist gut gegen Diebe.
Ich streichle so gern Hunde.
Ich wäre nie allein.
Ich kann ihm Befehle geben.

① Suche drei gute Gründe aus und schreibe sie auf. Schreibe so:

Ich wünsche mir einen Hund, weil ...

Ich hätte gern einen Fußball. ●	○ Ich will die junge Giraffe sehen.
Ich möchte ins Freibad gehen. ●	○ Ich habe meinen Füller verloren.
Ich brauche einen neuen Füller. ●	○ Ich interessiere mich für Fische.
Ich würde gern in den Zoo gehen. ●	○ Es ist heute sehr heiß.
Ich wünsche mir ein Aquarium. ●	○ Ich kann mit Freunden spielen.

② Verbinde jeden Wunsch mit der passenden Begründung.

③ Schreibe Wunsch und Begründung ins Heft. Verbinde die Sätze mit weil, denn, dann oder damit. Denke an das Komma.

④ Schreibe drei eigene Wünsche mit deiner Begründung ins Heft.

Verschiedene Hunde – genau beschreiben

Treffende Ausdrücke oder Fachbegriffe und wichtige Einzelheiten helfen, genau zu beschreiben.

Dalmatiner (**D**)

Zwergpudel (**Z**)

① Sieh dir die beiden Bilder genau an. Entscheide, zu welchem Hund die Einzelheiten passen. Kennzeichne mit **D** oder **Z**.

wolliges, dicht gekräuseltes Fell ☐ glattes, kurzes Fell ☐ 25 kg schwer ☐

6 kg schwer ☐ weiß, schwarze oder braune Flecken ☐

schwarz, weiß, grau oder braun ☐ kräftig, muskulös ☐ klein ☐

25 cm hoch ☐ 60 cm hoch ☐

lange und breite Schlappohren ☐ anliegende Hängeohren ☐

② Ordne die Informationen dem richtigen Hund zu.

Größe + Gewicht: ____________________

Fell: ____________________

Besonderheiten: ____________________

____

____

Größe + Gewicht: ____________________

Fell: ____________________

Besonderheiten: ____________________

____

____

③ Wähle einen Hund aus. Beschreibe ihn in einem kurzen Text. Schreibe ins Heft.

Fantasiegeschichten – Gefühle beschreiben

Mit Redewendungen kannst du Gefühle und Stimmungen anschaulich beschreiben.

① Käpt'n Theobald spürte bei einem seiner Abenteuer die Angst am ganzen Körper.
Verbinde die passenden Satzteile.

Er wagte kaum ○	○ die Knie.
Sein Gesicht wurde ○	○ auf seiner Stirn.
Ihm zitterten ○	○ kreidebleich.
Kalter Schweiß stand ○	○ zu atmen.
Er bekam ○	○ eiskalt.
Seine Hände waren ○	○ eine Gänsehaut.

② Schreibe die Sätze auf.

Er wagte

③ Ergänze die Geschichte so, dass Käpt'n Theobalds Gefühle beschrieben werden.
Als ich mein Raumschiff verließ, schwebte ich durch eine felsige Landschaft.

Da schwebten zwei gelbe Männchen auf mich zu.

Die Männchen beobachteten mich.

Ich flüchtete in mein Raumschiff.

Greife zu! – den Leser überzeugen

Mit treffenden Wörtern überzeugst du den Leser am besten!

Hier ist dein △ Auto.

Hier steht dein schnelles Rennauto.

lautlos, bombensicher, nachtschwarz, dunkelblau, blitzschnell, kirschrot, bildschön, bärenstark

Dein △ Auto ist schön.

Dein ...

die △ Stoßstangen — Es ist stark.

die △ Sitze — Es ist laut.

die △ Reifen — Es ist schnell.

der △ Lack — Es ist sicher.

Dein △ Auto gibt es in rot, blau oder schwarz.

① Verbessere den Werbetext.

↷ bedeutet: Suche ein besseres Wort.

△ bedeutet: Hier fehlt ein treffendes Wiewort.

└┘└┘ bedeutet: Hier passt ein zusammengesetztes Namenwort oder Wiewort besser.

② Schreibe einen eigenen Werbetext für ein Spielzeug deiner Wahl ins Heft.
Male das Spielzeug.

Reden ist wichtig – lebendig erzählen

Die wörtliche Rede macht einen Text interessanter und lebendiger.

Auf dem Fußballplatz

zurufen | schreien

jubeln | anfeuern

brüllen | jammern

Tom hat den Ball. Er ____________: ______________________________

____

Der Gegner ____________ ihm ______: ______________________________

____

Am Spielfeldrand ____________ die Zuschauer: ______________________________

____

Sie ____________ Tom ______: ______________________________

____

Tom trifft den Ball ins Netz. Er ____________: ______________________________

____

Der Torwart ____________: ______________________________

____

① Setze die passenden Wörter für „sagen“ in die Redebegleitsätze ein.
② Schreibe als wörtliche Rede auf, was die Personen rufen, schreien, …
③ Setze die Redezeichen und Satzzeichen ein.

Mit Worten spielen – Schreiben wie ein Dichter

Manche Gedichte haben einen Bauplan.
Du kannst selbst ein Dichter sein und ein ähnliches Gedicht schreiben.
Besondere Wörter sind dabei wichtig.

Sommer

Die Tage tragen Badehosen
und die Minuten spielen Ball
Libellen üben Sturzflug
auf zwei Wasserrosen
und irgendwo im Blau
fliegt einer Überschall.

Edith Schreiber-Wicke

Die Tage tragen ______
und die Minuten ______
______ üben Sturzflug
auf ______
und irgendwo ______
______.

① Lies das Gedicht über den Sommer. Es hat einen Bauplan.

② Schreibe ein ähnliches Gedicht über eine andere Jahreszeit. Ersetze dafür die unterstrichenen Wörter im Sommergedicht durch Wörter, die zu deiner Jahreszeit passen.

Diese Wörter können dir beim Schreiben helfen, wenn du ein Wintergedicht schreiben möchtest. Du kannst auch ganz andere Begriffe wählen.

Kleidung: dicke Socken, Schibrille, ?

Wetter: Eis, ?, Wintersturm

Spiel und Sport: Eishockey, ?, Schneeballschlacht

Tiere: Krähen, ?

Den Herbst erleben

Durch den Wald laufen
Nichts fühlen als Wind
Nichts hören als Laub
Nichts schmecken als Nüsse
Nichts riechen als Pilze
Zwischen zwei Sonnenstrahlen
Wissen: es ist Herbst

Josef Reding

Den ______ erleben
Durch ______ laufen
Nichts fühlen als ______
Nichts hören als ______
Nichts schmecken als ______
Nichts riechen als ______
Zwischen zwei Sonnenstrahlen
Wissen: es ist ______

③ Erkennst du den Bauplan des Gedichts? Ersetze in diesem Herbstgedicht die markierten Wörter durch Begriffe aus deiner gewählten Jahreszeit.

④ Schreibe das Gedicht auf ein Blatt Papier. Gestalte die Seite mit einem schönen Rahmen, mit Bildern und Farben.

Was ist passiert? – genau berichten

In einem Bericht ist jede Einzelheit wichtig!
Wer? Wo? Wann? …

Wer wurde bestohlen?

Wo geschah der Diebstahl?

Wann wurde der Ohrring gestohlen?

Wie sah der Ohrring aus?

Wer war wohl der Dieb?

① Beantworte die Fragen.

② Schreibe einen genauen Bericht zu dem „Diebstahl“ ins Heft.

Geburtstagsfeier – Satzanfänge

Ein Text wird lebendig, wenn die Sätze unterschiedlich beginnen.

Jonathan schreibt von seiner Geburtstagsfeier:

Zu meinem Geburtstag hatte ich alle meine Freunde eingeladen. Ungeduldig erwartete ich den Nachmittag.
Dann war es endlich soweit. Dann klingelte es. Dann kamen die Gäste. Dann packte ich die Geschenke aus. Dann gab es Torte und Kakao. Dann spielten wir im Garten. Dann grillten wir Würstchen. Dann wurden alle Kinder von ihren Eltern abgeholt.

Jonathan will seine Geschichte überarbeiten. Marie, Marco und Lena geben ihm Tipps:

Stelle die Sätze um:
Dann war es endlich soweit. ⟶ Endlich war es …

Manche Sätze kannst du verbinden:
Dann klingelte es. Dann kamen die Gäste. ⟶ Dann klingelte es und die …

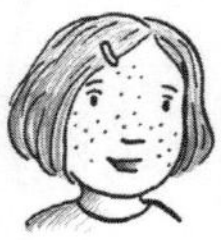

Suche andere Satzanfänge:
Dann packte ich die Geschenke aus. ⟶ Zuerst packte ich …

① Überarbeite Jonathans Geschichte. Beachte die Tipps von Marie, Marco und Lena.

Wo ist mein …? – genau beschreiben

Mit treffenden Ausdrücken und Fachbegriffen kannst du genau beschreiben.

Torsten will sein Mäppchen aus der Schultasche holen.
Aber es ist weg. In der Pause geht Torsten zum Hausmeister.
Herr Mertens fragt: „Wie sieht dein Mäppchen aus?
Ich habe mehrere davon."
Torsten beschreibt sein Mäppchen in allen Einzelheiten.

① Wie sieht dein Mäppchen aus?
Schreibe die passenden Begriffe in die Zeilen.

Form:

rund, rechteckig, viereckig, länglich, oval, hoch, schmal, dick, dünn, …

Größe:

lang, breit, hoch (in cm angeben)

Farbe/
Muster: gestreift, kariert, mit Delfinen, …

Material:

Leder, Plastik, Stoff, Metall, …

Inhalt:

Füller, Filzstifte, Bleistift, Radiergummi, …

Besonderheit:

Aufkleber, Anhänger, Tintenfleck, …

② Beschreibe dein Mäppchen mit einfachen Sätzen.

③ Spielvorschlag: Legt eure Mäppchen in den Sitzkreis.
Jeder liest seinen Text vor.
Findet ihr das passende Mäppchen heraus?

Hund entlaufen – Einleitung und Schluss einer Geschichte schreiben

In der Einleitung erfährst du, wann und wo eine Geschichte spielt und wer darin vorkommt. Der Schluss soll die Geschichte abschließen.

① Ergänze eine kurze Einleitung und einen kurzen Schluss.

Überschrift

Einleitung

Hauptteil

Struppi lief ruhig neben mir her. Als ich einen Moment nicht aufpasste, rutschte mir die Leine aus der Hand. Bevor ich mich bücken konnte, war Struppi auf und davon. So ein Mist! „Struppi, bitte komm zurück!“, rief ich. Vergebens! Ich war völlig verzweifelt. Was sollte ich bloß tun? Da kam mir die rettende Idee. „Struppi, Leckerli!“, schrie ich so laut ich konnte. Und tatsächlich, Struppi spitzte die Ohren, machte kehrt und trottete brav auf mich zu.

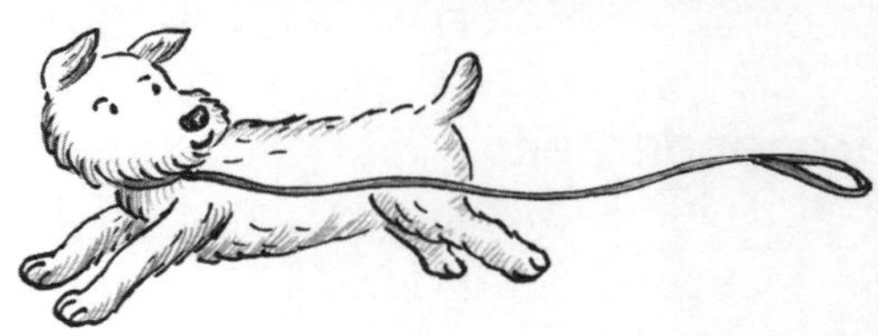

Schluss

② Entscheide dich für eine Überschrift oder finde eine eigene.
Schreibe sie über die Geschichte.

Ein aufregender Spaziergang

Struppi läuft fort

Schrecken am Nachmittag

?

So übst du mit der Wörterliste

Arbeite immer mit dem Abschreib-Tipp von Flipp.

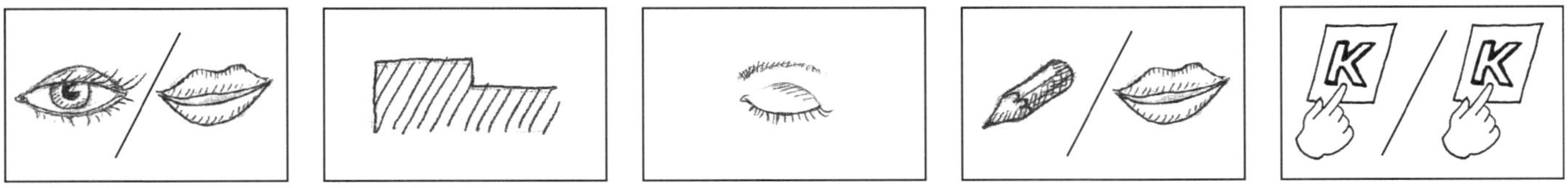

Schreibe Namenwörter immer mit ihrem Begleiter auf.
Markiere die Lupenstellen.

Wörter zum Mitsprechen

① Suche zehn Wörter aus der Wörterliste aus, die man genauso schreibt, wie man sie spricht.

der Beruf, das Geheimnis

Wörter zum Nachdenken

② Schreibe fünf Wörter mit (St/st) am Wortanfang auf.

der Sturm, ...

③ Schreibe fünf Wörter mit (Sp/sp) am Wortanfang auf.

die Spitze, ...

④ Suche zehn Wörter mit (ie). Sprich das lange (i) deutlich. Schreibe die Wörter auf.

ziehen, ...

⑤ Suche fünf Wörter, die man trennen kann. Schreibe sie auf und trenne sie. Markiere die Selbstlaute, Umlaute und Doppellaute.

wachsen, wach – sen

⑥ Suche fünf Wörter mit kurzem Selbstlaut und doppeltem Mitlaut (auch (ck)/(tz)). Schreibe sie auf, kennzeichne den kurzen Selbstlaut. Trenne sie, wenn es möglich ist.

donnern, don – nern

kratzen, krat – zen

packen, pa – cken

⑦ Suche fünf Wörter mit (d) am Wortende und verlängere sie.

blind → blinde

⑧ Setze fünf Namenwörter mit (a) oder (au) in die Mehrzahl. Kennzeichne, wenn sich (a) in (ä) oder (au) in (äu) verwandelt.

das Land → die Länder

der Raum → die Räume

⑨ Setze fünf Tunwörter mit (a) oder (au) in die er-Form. Kennzeichne, wenn sich (a) in (ä) oder (au) in (äu) verwandelt.

raten → er rät

Wortbausteine

⑩ Suche Wörter zu den Vorsilben:

be-	Ge-	Ver-	zu-	er-

zusammen, ...

⑪ Welche Tunwörter kann man mit den Anfangsbausteinen

ab-	vor-	ver-	aus-	ent-	emp-

verbinden?

wechseln → auswechseln

(12) Suche Namenwörter mit den Endbausteinen:

-heit	-keit	-nis	-ung	-chen

Geheimnis, ...

(13) Suche Wiewörter mit den Endbausteinen:

-ig	-lich

wichtig, ...

Wörter, die du dir merken musst

(14) Schreibe fünf Wörter mit (V/v) auf.

viel, ...

(15) Sammle und ordne Wörter mit (ah), (eh), (oh) und (uh).

der Draht, ...

(16) Schreibe alle Wörter mit (C) am Wortanfang auf.

der Clown, ...

(17) Schreibe alle Wörter mit (ß) auf.

fleißig, ...

(18) Schreibe alle Wörter mit (chs) auf.

wechseln, ...

(19) Schreibe zehn Fremdwörter auf.

das Theater, ...

(20) Schreibe alle Wörter mit (ee) und (oo) auf.

das Boot, ...

Wortarten

(21) Schreibe fünf Namenwörter mit ihren Begleitern auf. Setze sie auch in die Mehrzahl.

der Strauß, die Sträuße

(22) Schreibe fünf Tunwörter in der Grundform auf. Setze sie in die du-Form und in die er-Form.

schieben, du schiebst, er schiebt, ...

(23) Schreibe fünf Tunwörter in der Gegenwart und in der 1. und 2. Vergangenheit.

ich bohre, ich bohrte, ich habe gebohrt, ...

(24) Schreibe fünf Wiewörter auf. Setze sie zu einem passenden Namenwort. Suche das Gegenteil.

nass, die nasse Wäsche, trocken, ...

(25) Lasse dir zehn Wörter diktieren.

die Wahl, ...

Wörter sammeln

(26) Abstrakte Namenwörter

der Traum, ...

(27) Wörter zur Schule

der Unterricht, ...

(28) Wörter zur Wohnung

der Raum, ...

(29) Wörter aus der Natur

die Tanne, ...

(30) Wörter aus der Technik

der Schalter, ...

(31) Besonders schwierige Wörter

der Spaziergang, ...

(32) Lieblingswörter – wichtige Wörter

Grundwortschatz für die Jahrgangsstufen 3 und 4

A

ab
aber
ähn|lich
als
al|so
am
an|ders, än|dern
die Angst, ängst|lich
är|gern
der Arzt, die Ärz|tin
auf
auf|räu|men
auf|we|cken
aus
au|ßen

B

ba|cken, der Bä|cker
die Bahn
bau|en
be|gin|nen, be|gann, be|gon|nen
das Bei|spiel
bei|ßen, biss
be|loh|nen
be|ob|ach|ten
be|quem
be|reits, be|reit
be|setzt
der Be|ruf
bes|ser
das Bett
be|vor
bie|gen, bog
bin
bis
biss|chen
bist
bli|cken, der Blick
blind, der/die Blin|de
der Blitz, blit|zen
der Block
bloß
boh|ren
das Boot
bo|xen
der Brand
brav
bren|nen, brannte
die Bril|le
die Brü|cke

C

der Christ
der Clown

D

da
dann
das
dass
die De|cke
dein, dei|ne, dei|ner
dem
den
denn
der
des
deut|lich
deutsch, Deutsch|land
dich
dick
die
dies, die|se, die|ser
dir
doch
die Dis|ket|te
der Don|ner, don|nern
der Draht, die Dräh|te
drau|ßen
dre|ckig, der Dreck
dre|hen
drü|cken, der Druck
du
dumm, die Dumm|heit
dünn
durch
der Durst, durs|tig

E

die Ecke, eckig
ehr|lich
ei|gent|lich
ein, eine, einer
emp|finden, emp|find|lich
ent|de|cken
ent|fer|nen, die Ent|fer|nung
ent|ge|gen
ent|wi|ckeln, die Ent|wick|lung
er
er|klä|ren
er|lau|ben, die Er|laub|nis
er|le|ben, das Er|leb|nis
er|war|ten, die Er|war|tung
er|zäh|len, die Er|zäh|lung
es
euch
eu|er, eu|re
das Eu|ro|pa

F

der Feh|ler, feh|ler|frei
die Fe|ri|en
der Fern|se|her, fern|se|hen
fer|tig
fett, das Fett
feucht, die Feuch|tig|keit
das Feu|er
die Fich|te
der Fleiß, flei|ßig
flie|ßen, floss
das Flug|zeug
der Fluss, die Flüs|se
die Flüs|sig|keit
frei, die Frei|heit
fres|sen, frisst, fraß
der Frie|den, fried|lich
frie|ren, fror
fröh|lich, die Fröh|lich|keit
der Fuchs
füh|len, das Ge|fühl
füh|ren, die Füh|rung
für

G

ganz, gan|ze, gan|zer
das Ge|bäu|de
die Ge|burt, der Ge|burts|tag
die Ge|fahr, ge|fähr|lich
ge|heim, das Ge|heim|nis
die Ge|mein|de
der Ge|ruch
das Ge|schäft

ge|sche|hen, ge|schieht
das Ge|setz
das Ge|wächs
ge|win|nen, ge|wann,
ge|won|nen
das Ge|wit|ter
gie|ßen, goss
glatt
das Glück, glück|lich
glü|hen
der Gott
grü|ßen

H

das Handy
hän|gen, der Hang
hart, här|ter
häu|fig, der Hau|fen
hei|zen, die Hei|zung
her
her|stel|len,
die Her|stel|lung
die Hit|ze
hof|fen, hof|fent|lich
die Hö|he
die Höh|le, hohl
der Hun|ger, hung|rig

I

ich
ihm
ihn, ihnen
ihr, ihre
im
immer
imp|fen, die Imp|fung
in
die In|for|ma|ti|on,
in|for|mie|ren
ins
das In|te|r|es|se,
in|te|r|es|sant
ist

J

ja
je|de, je|der, je|des
je|mand, je|man|den
die Ju|gend, ju|gend|lich
jung

K

der Kä|fig
der Kamm, käm|men
kein, kei|ne, kei|ner
ken|nen, kann|te
die Kie|fer
klar
klet|tern
der Kom|pass
kräf|tig, die Kraft
krat|zen
das Kreuz, die Kreu|zung
krie|chen, kroch
der Krieg, die Krie|ge
kühl, küh|len
der Kuss

L

das Land, die Län|der
lang, län|ger
der Lärm
las|sen, lässt
das Laub
der Leh|rer, die Leh|re|rin
letz|te, letz|ter
leuch|ten
das Lied, die Lie|der
links
der Löf|fel
der Lohn

M

der Ma|g|net
man
die Ma|schi|ne
das Maß
die Me|di|en
das Meer
mehr
mein, mei|ne,
mei|ner
mes|sen, misst, maß
das Mes|ser
mich
die Mie|te
mir
mit
der Mit|tag, die Mit|te
mi|xen
das Moos
der Müll

N

nach
nah, die Nä|he
nä|hen, die Naht
die Nah|rung
nass, die Näs|se
die Na|tur, na|tür|lich
nein
nicht
nichts
nie
nie|mals
nie|mand,
nie|man|den
die Num|mer,
num|me|rie|ren
nun, nur
die Nuss
nüt|zen, nütz|lich

O

ob
oder
of|fen
oft
oh|ne

P

pa|cken,
das Päck|chen
das Pa|ket
der Pass, die Päs|se
pas|sen
der Pilz
plötz|lich
das Pro|gramm

Q

quä|len, die Qual
die Quel|le

R

das Ra|dio
ra|ten, das Rät|sel
der Raum
rechts
das Re|cy|c|ling
das Reh, die Re|he
rei|ßen, riss
ren|nen, rann|te
rich|tig

rie|chen
die Ru|he, ru|hig
rüh|ren

S

sam|meln, die Samm|lung
schaf|fen
der Schall
schal|ten, der Schal|ter
scharf, die Schär|fe
der Schat|ten
schie|ben, schob
schief
schimp|fen
schlie|ßen, schloss
schließ|lich
der Schlüs|sel
schme|cken
der Schmutz, schmut|zig
schon
der Schreck, schreck|lich
schüt|teln
schüt|zen, der Schutz
schwei|gen, schwieg
schwie|rig, die Schwie|rig|keit
schwim|men, schwamm, ge|schwom|men
schwit|zen
der See
sehr
sein, sei|ne, sei|ner
seit
set|zen
die Skiz|ze, skiz|zie|ren
so
der Spaß, Spä|ße
spät, ver|spä|ten
der Spa|zier|gang, spa|zie|ren
der Spie|gel, spie|geln
die Spit|ze, spitz
die Stadt, die Städ|te
der Stamm, die Stäm|me
stark, stär|ken
das Steu|er, steu|ern
der Stiel
stim|men, be|stimmt
der Stoff
der Strand, die Strän|de
die Stra|ße
der Strauß, die Sträu|ße
strei|ten, der Streit
strö|men, der Strom
das Stück
der Stuhl
der Sturm, stür|misch
süß, die Sü|ßig|keit

T

die Tan|ne
die Tas|se
tau|send, tau|sen|de
das Ta|xi
die Tech|nik
der Tel|ler
der Text
das The|a|ter
tief, die Tie|fe
die Trä|ne
der Traum, träu|men
tref|fen, trifft, traf, ge|trof|fen
treu
tro|cken

U

über
über|que|ren
um
um|keh|ren
und
un|ge|fähr
uns, un|se|re, un|ser
un|ten, un|ter
der Un|ter|richt
der Ur|laub

V

die Va|se
ver|bie|ten, ver|bot
ver|brau|chen
ver|bren|nen, ver|brann|te
die Ver|bren|nung
der Ve|rein, ver|ei|nen
ver|ges|sen, ver|gisst, ver|gaß
ver|let|zen, die Ver|let|zung
ver|lie|ren, ver|lor
ver|pa|cken, die Ver|pa|ckung
ver|schmut|zen, die Ver|schmut|zung
viel
viel|leicht
voll, voll|stän|dig
vom
von
vor
die Vor|fahrt
vor|sich|tig, die Vor|sicht

W

wach|sen, wuchs
wäh|len, die Wahl
wäh|rend
der Wald, die Wäl|der
wann
wa|rum
was
wech|seln
der We|cker
weil
wei|ter
wel|che, wel|cher
wem
wen
we|nig
wenn
wer
wich|tig
wie
wie|der
wie|gen, wog
wild, wil|de
wir
wis|sen, weiß, wuss|te
wo

Z

zeich|nen
die Zei|tung
das Zeug|nis
zie|hen, zog
das Ziel, zie|len
zu
die Zu|kunft, zu|künf|tig
zum
zu|letzt
zur
zu|rück
zu|sam|men

Fürwörter (Pronomen) ▲

Fürwörter stehen für Namenwörter.

Einzahl:		Mehrzahl:	
	ich		wir
	du		ihr
	er, sie, es		sie

Begleiter (Artikel) ▲

der	ein
die	eine
das	

Namenwörter (Nomen) ▲

Namenwörter sind Namen für Lebewesen, und Dinge, oder für Gefühle, Ereignisse und Zeiten (abstrakte Namenwörter).

Beweise für Namenwörter:

- Zu jedem Namenwort passt ein Begleiter: *der* Hase, *ein* Hase
- Namenwörter können in Einzahl und Mehrzahl stehen:
  ein Hase, viele Hasen
- *Hase* ist ein Name für …
  (ein Tier mit langen Ohren)
  - Endbausteine (Nachsilben)
    -ung -heit -keit -nis

Tunwörter (Verben) ●

Tunwörter sagen, was Lebewesen und Dinge tun.

Beweise für Tunwörter:

- Tunwörter passen hinter *ich* und
  malen → ich male – wir malen
- Tunwörter antworten auf die Frage:
  Was tut jemand? → *malen*
- Tunwörter sagen, ob etwas gerade geschieht oder schon vorbei ist. Sie können auch in der Vergangenheit stehen:
  ich suche – ich suchte
  ich lese – ich las